ANDRZEJ MOSZCZYŃSKI jest autorem 23 książek, 34 wykładów oraz 3 kursów. Pasjonuje go zdobywanie wiedzy z obszaru psychologii osobowości i psychologii pozytywnej.

Ponad 700 razy wystąpił jako prelegent podczas seminariów, konferencji czy kongresów mających charakter społeczny i charytatywny.

Regularnie się dokształca i korzysta ze szkoleń takich organizacji edukacyjnych jak: Harvard Business Review, Ernst & Young, Gallup Institute, PwC.

Jego zainteresowania obejmują następujące tematy: potencjał człowieka, poczucie własnej wartości, szczęście, kluczowe cechy osobowości, w tym między innymi odwaga, wytrwałość, wnikliwość, entuzjazm, wiara w siebie, realizm. Obszar jego zainteresowań stanowią również umiejętności wspierające bycie zadowolonym człowiekiem, między innymi: uczenie się, wyznaczanie celów, planowanie, asertywność, podejmowanie decyzji, inicjatywa, priorytety. Zajmuje się też czynnikami wpływającymi na dobre relacje między ludźmi (należą do nich np. miłość, motywacja, pozytywna postawa, wewnętrzny spokój, zaufanie, mądrość).

Od ponad 30 lat jest przedsiębiorcą. W latach dziewięćdziesiątych był przez dziesięć lat prezesem spółki działającej w branży reklamowej i obejmującej zasięgiem cały kraj. Od 2005 r. do 2015 r. był prezesem spółki inwestycyjnej, która komercjalizowała biurowce, hotele, osiedla mieszkaniowe, galerie handlowe.

W latach 2009-2018 był akcjonariuszem strategicznym oraz przewodniczącym rady nadzorczej fabryki urządzeń okrętowych Expom SA. W 2014 r. utworzył w USA spółkę wydawniczą. Od 2019 r. skupia się przede wszystkim na jej rozwoju.

Inaczej o dobrym i mądrym życiu to książka o umiejętności stosowania strategii osiągania wartościowych celów. Autor opisuje 22 aspekty, które prowadzą do bycia mądrym. W jakim znaczeniu mądrym?

Mądry człowiek jest skupiony na działaniu ukierunkowanym na podnoszenie jakości życia, zarówno swojego, jak i innych. O tym jest ta książka: o byciu szczęśliwym, o poznaniu siebie, by zajmować się tym, w czym mamy największy potencjał, o rozwinięciu poczucia własnej wartości, które jest podstawowym czynnikiem utrzymywania dobrych relacji z samym sobą i innymi ludźmi, o byciu odważnym, wytrwałym, wnikliwym, entuzjastycznym, posiadającym optymalną wiarę w siebie, a także o byciu realistą.

Mądrość to umiejętność czynienia tego, co szlachetne. Z takiego podejścia rodzą się następujące czyny: nie osądzamy, jesteśmy tolerancyjni, życzliwi, pokorni, skromni, umiejący przebaczać. Mądry człowiek to osoba asertywna, wyznaczająca sobie pozytywne cele, ustalająca priorytety, planująca swoje działania, podejmująca decyzje i przyjmująca za nie odpowiedzialność. Mądrość to też zaufanie do siebie i innych, bycie zmotywowanym i posiadającym jasne wartości nadrzędne (do których najczęściej należą: miłość, szczęście, dobro, prawda, wolność).

Autor książki opisuje proces budowania mentalności bycia mądrym. Wszechobecna indoktrynacja jest przeszkodą na tej drodze. Jeśli jakaś grupa nie uczy tolerancji, przekazuje fałszywy obraz bycia zadowolonym człowiekiem, to czy można mówić o uczeniu się mądrości? Zdaniem autora potrzebujemy mądrości niemal jak powietrza czy czystej wody. W tej książce będziesz wielokrotnie zachęcany do bycia mądrym, co w rezultacie prowadzi też do bycia szczęśliwym i spełnionym.

Szczegóły dostępne na stronie:
www.andrewmoszczynski.com

Andrzej Moszczyński

Inaczej o wierze w siebie

2021

© Andrzej Moszczyński, 2021

Korekta oraz skład i łamanie:
Wydawnictwo Online
www.wydawnictwo-online.pl

Projekt okładki:
Mateusz Rossowiecki

Wydanie I

ISBN 978-83-65873-21-7

Wydawca:

ANDREW MOSZCZYNSKI
INSTITUTE

Andrew Moszczynski Institute LLC
1521 Concord Pike STE 303
Wilmington, DE 19803, USA
www.andrewmoszczynski.com

Licencja na Polskę:
Andrew Moszczynski Group sp. z o.o.
ul. Grunwaldzka 472
80-309 Gdańsk
www.andrewmoszczynskigroup.com

Licencję wyłączną na Polskę ma Andrew Moszczynski Group sp. z o.o. Objęta jest nią cała działalność wydawnicza i szkoleniowa Andrew Moszczynski Institute. Bez pisemnego zezwolenia Andrew Moszczynski Group sp. z o.o. zabrania się kopiowania i rozpowszechniania w jakiejkolwiek formie tekstów, elementów graficznych, materiałów szkoleniowych oraz autorskich pomysłów sygnowanych znakiem firmowym Andrew Moszczynski Group.

Ukochanej Żonie
Marioli

SPIS TREŚCI

Wstęp	9
Rozdział 1. Przepis na wiarę w siebie	15
Rozdział 2. Doceń wiedzę	25
Rozdział 3. Odwiąż się od innych	37
Rozdział 4. Znajdź pasję	45
Rozdział 5. Twórz wizję życia	53
Rozdział 6. Przeszkody	59
Refleksje końcowe	63
Co możesz zapamiętać?	71
Bibliografia	73
O autorze	89
Opinie o książce	95
Dodatek. Cytaty, które pomagały autorowi napisać tę książkę	99

Wstęp

Nie ma ważniejszej siły popychającej człowieka do działania niż wiara w siebie. Przed każdym z nas otwierają się różne możliwości, ale jednocześnie napotykamy bariery, które trzeba pokonać. Pomaga w tym wiara w siebie wyzwalająca wiele pozytywnych cech (wnikliwość, odwagę, wytrwałość, entuzjazm, realizm) koniecznych do osiągnięcia celu.

Przyjrzyjmy się kilku postaciom, które dzięki wierze w siebie, mimo przeciwności i wielu niepowodzeń, zrealizowały swoje marzenia.

Na początek przywołajmy postać Abrahama Lincolna. Rzadko kto doznał w życiu tylu porażek, co on. Kilkakrotnie ubiegał się o miejsce w senacie, ale bez powodzenia. Teoretycznie powinien pozostać przy tym, co już osiągnął, był przecież cenionym w swoim stanie prawnikiem.

Uważał jednak, że jako polityk może dokonać więcej. Przygotowywał się tak samo rzetelnie do roli polityka, jak wcześniej do zawodu prawnika. Bezustannie odczuwał głód wiedzy. Zdawał sobie sprawę, że to właśnie wiedza jest dla niego czynnikiem wzmacniającym. Był zagorzałym czytelnikiem Biblii. Z niej wywodziło się wiele jego poglądów, między innymi przekonanie, że wszyscy ludzie są równi i nikt nie ma prawa do wywyższania się. Jego wiara w słuszność głoszonych poglądów i we własne możliwości tak bardzo poruszyła obserwatorów debaty pomiędzy nim a Stephenem Douglasem podczas kampanii o fotel senatora, że chociaż Lincoln nie wszedł do senatu, to stał się sławny i w 1860 roku został 16. prezydentem Stanów Zjednoczonych. I to prezydentem, który wygrał wojnę secesyjną oraz otworzył drogę do zniesienia niewolnictwa w Stanach Zjednoczonych, wydając Proklamację emancypacji (weszła w życie 1 stycznia 1863 roku). Wiara, która pozwoliła mu wytrwać, wynikała ze zdobytej wiedzy. Im większa była jego wiedza, tym bardziej wzmacniała się jego wiara w słuszność postępowania.

Kolejną postacią, na którą warto zwrócić uwagę, jest znany na całym świecie aktor Harrison Ford. Jego ojciec pracował w agencji reklamowej, matka zajmowała się domem. Ford nie ukończył żadnej szkoły aktorskiej. Chciał być spikerem radiowym, bo spodobała mu się praca w małej szkolnej rozgłośni. Ale radio w Los Angeles, dokąd pojechał, porzuciwszy szkołę, nie poznało się na jego talencie i angażu nie dostał. Przez kilka lat grał epizodyczne role w filmach, a jego nazwisko nie było nawet zaznaczane na liście osób wymienianych w obsadzie. Doszło do tego, że zajął się stolarką (swoją drogą ciekawe, ile teraz kosztują zrobione kiedyś przez niego meble), by zarobić na utrzymanie rodziny. Aktorstwa jednak nie porzucił. Uparcie przyjmował nawet najmniejsze role, by ćwiczyć się w ulubionym zawodzie. To wzmacniało jego przekonanie, że los może się odwrócić. I tak się stało, gdy poznał George'a Lucasa, który otworzył mu drogę do sławy. Warto zwrócić uwagę, jak wielką rolę w jego przypadku odegrała wizja własnej przyszłości. To ona była paliwem, które napędzało jego wiarę w siebie i nie dało jej zginąć. Wiara w siebie pozwoliła osiągnąć sukces wielu sportowcom, w tym także sportowcom z niepełnosprawnościami. W sierpniu 2012 roku w Londynie odbyła się paraolimpiada, czyli igrzyska olimpijskie osób niepełnosprawnych. W różnych dyscyplinach sportowych zmierzyli się ze sobą ludzie dotknięci przez los, a jednak wierzący we własne możliwości, wierzący w siebie. Złoty medal na tych igrzyskach (podobnie jak cztery i osiem lat wcześniej) zdobyła między innymi Polka Natalia Partyka, zawodniczka bez prawego przedramienia, odnosząca niezwykłe sukcesy w tenisie stołowym. Startowała w zawodach sportowych zarówno dla pełnosprawnych, jak i niepełnosprawnych, i zajmowała najwyższe lokaty w obu klasyfikacjach. Skąd u Natalii ta pewność i wiara w siebie? Nigdy nie myślała o sobie jak o inwalidce. Stała się prawdziwą przyjaciółką siebie samej. Regularnie prowadziła dialog wewnętrzny. Dzięki temu stała się bardziej odporna na przeciwności losu. Warto to zapamiętać! Nie czekajmy, aż inni będą nas oceniać, o nas mówić. Sami stańmy się dla siebie bliskim człowiekiem!

Podobne sukcesy odnosi niepełnosprawna pływaczka z RPA Natalie du Toit, która startuje również w zawodach dla pełnosprawnych sportowców. Obie zawodniczki są przekonane, że ograniczenia fizyczne nie stanowią przeszkody w sportowych zmaganiach z osobami pełnosprawnymi, a ich dokonania dowodzą, że mają rację.

Budujących przykładów jest bardzo wiele. Trochę nas one onieśmielają, bo poznajemy je dopiero wtedy, gdy stykamy się z czyimś sukcesem. Wydaje nam się, że sukcesy odnoszą osoby, które zawsze były wyjątkowe. Że takie się urodziły. Pamiętajmy jednak, że to nie urodzenie zadecydowało o ich powodzeniu, tylko konsekwentne dążenie do celu poparte głęboką wiarą w jego osiągnięcie.

Czy to oznacza, że wiara w siebie daje gwarancję powodzenia i zapewnia odnoszenie sukcesów, jednego po drugim? Oczywiście, że nie! Do tego potrzebne jest także spełnienie innych warunków. Jakich? Chodzi o realistyczne określenie własnych możliwości oraz budowanie sukcesu na rzetelnych podstawach wynikających z wyznawanego systemu wartości, znajomości siebie oraz ciągle uzupełnianej wiedzy.

Rozdział 1

Przepis na wiarę w siebie

Można by zapytać, dlaczego zajmuję się wiarą w siebie, skoro jedna z moich poprzednich książek traktuje już o poczuciu własnej wartości. Czy to nie są pojęcia odnoszące się do tego samego? Nie! Powiedziałbym raczej, że wiara w siebie wyrasta z poczucia własnej wartości, które opiera się na wierności wartościom nadrzędnym, akceptacji siebie, znajomości swoich mocnych stron oraz na dobrych kontaktach z innymi. Ta podstawa powstaje w wyniku wychowania, doświadczeń życiowych i nabywanej wiedzy. Każde osiągnięcie wzmacnia poczucie własnej wartości. Porażka natomiast potrafi je skutecznie osłabić, o ile nie potraktujemy jej jako nieuniknionego błędu, nauczki czy integralnego, przemijającego doświadczenia życiowego.

Czym różni się wiara w siebie od poczucia własnej wartości? Poczucie własnej wartości odczuwamy, myśląc o przeszłości lub teraźniejszości, natomiast wiara w siebie odnosi się do wydarzeń przyszłych.

Przypomnijmy pokrótce, w jaki sposób na naszą osobowość wpływają poszczególne elementy tworzące poczucie własnej wartości. Zacznijmy od wartości nadrzędnych, czyli tego, co najważniejsze. Wartości nadrzędne to nasz kościec moralny. Trzymają nas mocno w ryzach i nie pozwalają, byśmy zbłądzili, czyli nadają kierunek naszym działaniom.

Kolejnym elementem jest akceptacja siebie. Z tym zwykle mamy pewien kłopot. Z czego bierze się tak częsty brak akceptacji? Zazwyczaj wynosimy go z dzieciństwa. Dziecko bez przerwy krytykowane i niedowartościowane wyrasta na człowieka, który nie wierzy w siebie. Brak tej wiary nie musi jednak towarzyszyć nam przez całe życie. Aby się pojawiła, czasem wystarczy, że w naszym otoczeniu znajdzie się ktoś, kto nie będzie wyciągał pochopnych wniosków z naszego zachowania, da nam szansę i obdarzy zaufaniem.

Akceptacja siebie może zrodzić się także w wyniku poznania własnej osobowości. W momencie, kiedy zdamy sobie sprawę ze swoich mocnych i słabych stron, poznamy swój temperament i cechy charakteru, łatwiej zaakceptujemy to, że sporo brakuje nam do ideału. Polubimy siebie takimi, jakimi jesteśmy. Będziemy wiedzieli, co w sobie wzmacniać, z czym walczyć, a nad czym przejść do porządku dziennego.

Osoby z niską samooceną są przeświadczone o własnej słabości i bezsilności. Żeby to zmienić, warto zadbać o zmianę postrzegania siebie i skoncentrować się na pozytywach. Pamiętajmy, że nie ma ideałów. Każdy z nas ma osobowość złożoną z zalet i wad. Ten zbiór jest dla każdego inny – to normalne.

Akceptacja siebie wpływa także na kontakty z innymi. Jeśli widzimy w sobie ideał, nie przyznajemy się do swoich wad i słabości lub traktujemy je jako chwilowe, będziemy chcieli widzieć osoby idealne także w innych. A ponieważ ideałów nie ma, zapewne nie znajdziemy nikogo, kto naszym zdaniem byłby na tyle dobry, na tyle szlachetny, na tyle interesujący, że chcielibyśmy go łaskawie obdarzyć naszą przyjaźnią. Inaczej się dzieje, jeśli zaakceptujemy siebie i swoją naturalną odmienność. Uświadomimy sobie wtedy, że każdy człowiek ma prawo do własnego zestawu zalet i wad, do przekonań i upodobań odmiennych od naszych. Wtedy osłabnie chęć oceny innych pod kątem wyobrażonego przez nas ideału i relacje z ludźmi się poprawią. Nastąpi to jednak pod jednym warunkiem: inny człowiek i jego los musi nas obchodzić. Obchodzić jako osobny, wartościowy byt, a nie jako element, który będziemy wykorzystywać do porównań i ocen. Konieczna jest empatia i chęć pomocy w trudnej sytuacji, ale równocześnie pozbycie się tendencji do pouczania.

Ostatnim elementem fundamentu, ale również ważnym, który w ostateczności decyduje o sile wiary w siebie, jest wiedza. Wiedza łączy się z wiarą w siebie nie tylko poprzez poczucie własnej wartości, lecz też bezpośrednio. Często wpływ wiedzy na wiarę w siebie jest pomijany, może dlatego, że zdobywanie wiedzy kojarzy się większości z nas ze szkołą. A przecież uczyć się można w każdym wieku.

Poczucie własnej wartości sprawia, że przyznajemy sobie prawo do szczęścia, a wiara w siebie pozwala nam podejmować działania, które nas do niego doprowadzą. Jest więc ona koniecznym spoiwem między marzeniem (pomysłem) a inicjatywą, planami a realizacją, przeszłością a przyszłością. Utrzymanie poczucia własnej wartości na wysokim poziomie wymaga ciągłej pracy nad sobą. Bez przerwy w coś jesteśmy zaangażowani, bez przerwy coś dzieje się wokół nas.

Dzięki nabywanej – celowo lub mimowolnie – wiedzy możemy z większym prawdopodobieństwem przewidywać efekty naszych działań oraz lepiej znosić niepowodzenia, a to zdecydowanie wpływa na wzmocnienie wiary w siebie. Równocześnie wzrastają w nas ambicja i kreatywność.

Władysław Kopaliński w *Słowniku mitów i tradycji kultury* pisze, że wiara w pojęciu ogólnym to między innymi: „przeświadczenie, ufność, że coś jest prawdą, że się spełni". Kluczem do zrozumienia pojęcia „wiara" jest słowo „przeświadczenie".

Jestem o czymś przeświadczony, to znaczy wiem, choć nie zawsze potrafię powiedzieć dlaczego. Mam do siebie zaufanie i posiadam przesłanki, by wierzyć. Jeśli wierzymy w miłość macierzyńską, to jej przesłanką jest codzienna opieka, nieustająca chęć pomocy i życzliwość. Jeśli wierzymy w przyjaźń, wiarę tę opieramy na zrozumieniu i współprzeżywaniu wzlotów i upadków.

Wiara w siebie jest mocnym przeświadczeniem, że to, co zamierzamy zrobić lub robimy, przyniesie w bliższej lub dalszej przyszłości oczekiwane efekty. Nie jest ona bezpodstawna. Tworzą ją przekonania prowadzące nas przez życie, powstałe na gruncie naszej wiedzy i doświadczenia. Gdyby nie hamulce, które nas powstrzymują, na skrzydłach wiary moglibyśmy dolecieć naprawdę daleko. Co nas hamuje? Na przykład przykre przeżycia. Trudno uwierzyć, że w miłości możemy być szczęśliwi, jeśli nasz dotychczasowy związek okazał się nieudany. W takiej sytuacji zaczynamy generalizować: „Żaden związek mi się nie uda". To nieprawdziwe i szkodliwe przekonanie możemy zmienić, ale pod jednym warunkiem: powinniśmy się otworzyć na zmianę. Innym hamulcem są stereotypy. To z ich powodu tak szybko klasyfikujemy ludzi i oceniamy ich krytycznie wyłącznie ze względu na narodowość, pochodzenie społeczne lub wygląd. Te negatywne przekonania rządzą nami bardziej niż nam się wydaje. Z nich rodzą się kompleksy i lęki. Warto to sobie uświadomić i pomyśleć o ich pierwotnej przyczynie, a następnie te złe odczucia zdusić w zarodku.

Wiedza o człowieku i jego dokonaniach, biorąca się ze studiowania dorobku przeszłych pokoleń, przekonuje o tym, że podstawy do wiary w siebie ma każdy z nas, tylko nie każdy je dostrzega.

Czas na kolejny przykład. Kiedy **Filippo Brunelleschi** stanął do konkursu na projekt kopuły wieńczącej katedrę Santa Maria del Fiore, miał już 41 lat. Był znanym rzeźbiarzem i złotnikiem. Wiele wiedział na temat zasad rządzących budownictwem, ale akurat w dziedzinie architektury nie miał żadnego osiągnięcia, które gwarantowałoby mu sukces. Był 1418 rok. Budowę katedry rozpoczęto jeszcze w XIII wieku. W ciągu pierwszych 80 lat powstał zaledwie korpus budowli, a i ten zburzono po zmianie projektu.

Nowy plan przewidywał zwieńczenie świątyni ogromną kopułą, wspartą na ośmiokątnym bębnie. Miał się on wznosić 13 metrów powyżej sklepienia nawy głównej i mieć szerokość wewnętrzną równą 42 metrom. Wielu architektów twierdziło, że zamknięcie kopułą takiej konstrukcji jest niemożliwe. Zleceniodawcy, nie widząc innego wyjścia, ogłosili konkurs. Do rywalizacji stanęło kilkunastu śmiałków. Wśród nich Brunelleschi, który także przedstawił swój projekt. Nie chciał zdradzać jego szczegółów w obawie przed zawistnymi oczami konkurentów. Początkowo nie zyskał poparcia. Wierzył jednak w to, że jego pomysł jest możliwy do realizacji i naprawdę dobry. Dzielił się tą wiarą nie tylko z całą komisją katedralną, lecz także z poszczególnymi jej członkami oraz ludźmi obdarzonymi większym zaufaniem decydentów niż on. Sceptyków było wielu, ale żaden inny budowniczy nie przedstawił lepszego projektu. Komisji trudno było uwierzyć, że można skonstruować tak ogromną kopułę bez rusztowań (ich koszt byłby ogromny). Brunelleschi, by udowodnić, że potrafi tego dokonać, podjął się zbudowania kopuły wymyśloną przez siebie techniką nad jedną z kaplic w kościele San Jacopo sopr'Arno.

Wtedy ostatecznie otrzymał upragnione zlecenie. Realizował je przez 18 lat. Zmagał się z wieloma trudnościami. Najpierw zlecono mu wykonanie kopuły tylko do pewnej wysokości, wstrzymując się z decyzją, komu zostanie powierzone dokończenie prac. Potem dostał niekompetentnego współpracownika, za to popieranego przez zleceniodawców i znacznie lepiej wynagradzanego. Nie miał też potrzebnych urządzeń ani narzędzi, więc musiał wyprodukować je sam. Mimo to znakomicie wywiązał się z zadania. W 1436 roku katedra we Florencji mogła zostać poświęcona. Filippo Brunelleschi osiągnął sukces dzięki ogromnej wierze w siebie, opartej na mocnych podstawach: poczuciu własnej wartości oraz wiedzy z różnych dziedzin, pozwalającej przewidzieć stabilność i trwałość przyszłej konstrukcji. Następna tak wielka kopuła została wzniesiona dopiero 100 lat później przez Michała Anioła nad Bazyliką św. Piotra w Watykanie.

Rozdział 2

Doceń wiedzę

Wielu z nas lubi zdobywać szczyty i odczuwać tę szczególną radość, gdy się dotrze na samą górę. Nie ma znaczenia, czy zdobytym szczytem jest Śnieżka, Rysy czy Czomolungma (co w języku tybetańskim oznacza Bogini Matka Ziemi) nazywana też Mount Everest. Zachwyca otwarta przestrzeń, cieszy zwycięstwo nad samym sobą.

Stopień trudności kolejnej wspinaczki jest zazwyczaj nieco wyższy niż ten, który cechował poprzednie wejście. Czy nie przypomina to dochodzenia do kolejnych celów w innych dziedzinach? Zdobywanie szczytów Ziemi, podobnie jak pokonywanie granic własnych możliwości, opiera się na wiedzy, a jednocześnie zwiększa jej zasób. I nie chodzi tu tylko o to, że do wejścia na szczyt i do zdobycia celu trzeba się solidnie przygotować. Ze szczytu góry widzi się więcej i dalej. Z większym zasobem wiadomości o świecie też widzi się więcej i więcej się rozumie. W obu przypadkach poszerzają się horyzonty. Zdobywanie gór i zdobywanie wiedzy tak samo wciąga. Zarówno alpinistę, jak i badacza sukces zadowala na krótko.

Kiedyś w wypisach szkolnych znajdowało się opowiadanie o dwóch górskich wędrowcach. Piechurzy źle wyliczyli czas powrotu do schroniska. Nie zdążyli przed zmrokiem. Bez latarki, lampki, zapalniczki – jakiegokolwiek źródła światła – schodzili po omacku kamienną ścieżką. Wreszcie wyczuli, że droga się kończy, a kolejny krok może być niebezpieczny. Spróbowali stopami sięgnąć gruntu. Niestety, stopy zawisły w próżni. Rzucali w dół kamienie, żeby po odgłosie zorientować się, jak głęboka jest szczelina, na którą natrafili. Odpowiadał im tylko głuchy dźwięk. Wysnuli z tego wniosek, że doszli do skraju przepaści. Zdali sobie sprawę, że dalej iść nie mogą. Usiedli w pewnym oddaleniu od skalnej krawędzi i szczękając z zimna zębami, przesiedzieli tak do świtu. Gdy słońce rozświetliło nieco mrok, spojrzeli w „bezkresną przepaść". Jakie było ich zdziwienie! Okazało się, że to nie przepaść, tylko metrowy uskok otwierający łagodny stok z łąką, którą przecinała droga wiodąca do schroniska. Do celu mieli naprawdę niedaleko.

Na tym prostym przykładzie widać, że brak informacji (brak wiedzy) może doprowadzić do błędnych wniosków. Widać też, jak paraliżujący jest lęk. W tym przypadku skończyło się dobrze. Jednak w innej sytuacji błędne wnioski mogą fatalnie zaważyć na życiu ludzi lub społeczeństw, których niewiedza będzie dotyczyła.

Na umiejętnościach i rzetelnej wiedzy oparł swoje osiągnięcia alpinista i himalaista Peter Habeler, którego relacje z wypraw górskich niezwykle mnie inspirują. Jednym z jego dokonań było wejście na Mount Everest bez dodatkowego tlenu. Czy ryzykował? Tak! Ryzykuje każdy, kto się wspina! Czy możemy nazwać go samobójcą? Nie! Ponieważ do wyprawy dobrze się przygotował. Rozważał wszystko, zastanawiał się nad każdym hipotetycznym niebezpieczeństwem, które może napotkać w trasie. Stworzył naukową bazę, na której oparł wiarę w powodzenie przedsięwzięcia. Ten etap trwał dłużej niż sama wspinaczka, ale był niezbędny!

Polski noblista Czesław Miłosz w wierszu pod tytułem *Przypowieść o maku* obrazowo przedstawił ograniczenia, które powstają z braku wiedzy:

Na ziarnku maku stoi mały dom,
Pieski szczekają na księżyc makowy,
I nigdy jeszcze tym makowym psom,
Że świat jest większy nie przyszło do głowy.

Warto zdać sobie sprawę, że człowiek bez odpowiedniej wiedzy czuje się niepewnie, jest podatny na manipulację i w wielu sytuacjach bezradny. Nie będzie nawet próbował poznać siebie i określić swoich możliwości, a to bardzo ważne dla jakości życia.

Jaka wiedza jest człowiekowi potrzebna? Tę kwestię wyczerpująco przedstawili między innymi **Napoleon Hill i Charles Van Doren**, którzy podzielili wiedzę na szczegółową i ogólną.

Wiedzą szczegółową nazwali zakres wiadomości i umiejętności, który człowiekowi pozwala utrzymać się przy życiu. Oprócz wiedzy szczegółowej istnieje także wiedza ogólna. Czym różni się od szczegółowej? Wiedza ogólna nie jest pewna i konsekwencje jej braku nie są tak spektakularne. W starożytności ludzie byli przekonani, że Ziemia jest płaska. Potrafili nawet tego dowieść. Twierdzili bowiem, że gdyby była kulą, to nic nie mogłoby się na niej utrzymać, ani ludzie, ani przedmioty, a woda wystąpiłaby z niecek. Dopiero udokumentowanie ruchu Ziemi przez Kopernika zmieniło długo utrzymujące się fałszywe przeświadczenie.

W wielu systemach społecznych, czy to na pierwszym planie, czy w tle, widoczna jest wiara w predestynację, czyli przeznaczenie, pojawiająca się w religiach będących podporami tych systemów (na przykład w starożytnym Egipcie). Jakie konsekwencje ma wiara w przeznaczenie? Moim zdaniem, głównie destrukcyjne. Tak rozumiane przeznaczenie oznacza brak wpływu na własny los. Sprowadza człowieka do roli kukiełki, której poczynaniami kieruje ktoś inny, wyższy i potężniejszy, kto pozbawił ją wolności wyboru. Człowiekowi wierzącemu w przeznaczenie wydaje się, że żyje w przezroczystej kuli. Może poruszać się w jej obrębie, ale wyjście z niej jest niemożliwe. Z czasem, mimo że nie czuje się szczęśliwy, dochodzi do wniosku, że nawet nie warto próbować, bo jego miejsce – bez względu na to, co zrobi – jest z góry wyznaczone. Czy to prawda? Zastanów się! Jeśli jesteś pewny, że tak, spróbuj odpowiedzieć sobie na pytania: „Dlaczego w przeznaczenie wierzy tak wielu ludzi niewykształconych... i tych, którym się nie powiodło?", „Dlaczego ci, którzy żyją świadomie, nie tłumaczą swoich sukcesów predestynacją?". Raczej wskazują, że to wynik własnej pracy, własnych wyborów, niekiedy dodają tylko: „...i odrobiny szczęścia". Nie myślałeś nad tym do tej pory? Może głównym powodem wiary w predestynację jest chęć usprawiedliwienia swojej sytuacji?

Zastanówmy się, czego nas uczy orzeł z przykładu użytego przez **Anthony'ego de Mello**. Oto ta historia:

W pewnym gospodarstwie kura wysiedziała kilka jaj. Po odpowiednim czasie wykluły się z nich pisklęta. Jedno z nich w niczym nie przypominało delikatnego żółtego kurczaczka. Było wyraźnie większe, miało szponiaste pazury i silny, zakrzywiony dziób. Bystry obserwator zauważyłby szybko, że to nie kura, tylko orzeł. Pisklę jednak dorastało w przekonaniu, że jest dorodnym kogutem. Jadło robaki i grzebało w ziemi. Podobnie jak obserwowane wokół kury potrafiło przelecieć w powietrzu tylko kilka metrów i to nisko nad ziemią. Kiedyś dorosły już orzeł zobaczył ptaki krążące wysoko na niebie, jednak do głowy mu nie przyszło, że ma takie same możliwości. Zestarzał się i umarł w stadzie kur, do końca przekonany, że jest jedną z nich.

Czego zabrakło orłowi? Wiedzy i zrozumienia swojej sytuacji! Nigdy się nie dowiedział, że może unieść się w powietrze i zacząć żyć inaczej. Tego samego brakuje wielu ludziom. Nie wierzą w swoje możliwości, bo ich nie dostrzegają. No dobrze, możesz powiedzieć teraz: „Przecież wszyscy chodzimy do szkoły".

W większości społeczeństw rozwiniętych to nie tylko prawo, lecz także obowiązek. Nauka trwa zazwyczaj przynajmniej 10 lat. Czy to nie wystarczy? Przypomnij sobie, co czytałeś na początku tego rozdziału. Wiedza dzieli się na szczegółową i ogólną. Szkoły różnego szczebla pozwalają nam na zdobycie minimum wiedzy ogólnej (raczej zyskujemy tylko orientację w różnych dziedzinach) oraz wyposażają nas w pewne elementy wiedzy szczegółowej, która pozwala odgrywać jakąś rolę w społeczeństwie i zdobywać środki na utrzymanie. Mimo armii psychologów, pedagogów i opiekunów najczęściej profesję wybieramy dość przypadkowo. Rzadko która szkoła i rzadko który nauczyciel pokazuje uczniom konsekwencje wyboru kierunku nauki, zawodu, miejsca zamieszkania, partnera życiowego i tym podobnych.

Nie ma przedmiotu zaznajamiającego na przykład z prawami obywatela czy pacjenta... Nie uczy się też gospodarowania pieniędzmi, a przygotowanie do życia w rodzinie jest traktowane po macoszemu.

To powoduje, że wchodzimy w dorosłe życie z nadziejami opartymi na chwiejnych podstawach, więc… się rozczarowujemy. Jeśli nawet rozwinęliśmy w jakimś stopniu poczucie własnej wartości, to w wyniku negatywnych doświadczeń znacznie się ono osłabia, co pociąga za sobą rezygnację z szukania nowych dróg rozwoju i utratę wiary w siebie.

Warto w tym momencie rozdzielić pojęcie wiedzy od pojęcia szkoły. Nie każdy, kto chodził do szkoły, ma wystarczająco dużo wiedzy, by oprzeć na niej wiarę w siebie. To, że kogoś w szkole spotykały same niepowodzenia, nie oznacza, że nigdy już nie będzie mógł rozszerzyć swojej wiedzy teoretycznej (praktyczną zdobędzie przez doświadczenie). Pamiętam, że dla mnie ogromną przeszkodą była dysleksja. Nie zdawałem sobie wtedy sprawy z tego, że ten defekt (dziś uważam, że niewielki i nieistotny) przyczynił się do moich wyzwań i stanowił spore zagrożenie dla poczucia własnej wartości i wiary w siebie. Stąd wynikała moja ucieczka w inne sfery życia: wyznaczanie celów materialnych oraz organizowanie pracy własnej i grupowej, żeby je osiągnąć. Sukcesami w tej dziedzinie rekompensowałem brak powodzenia w szkole. Dopiero na kolejnym etapie kształcenia zwróciłem się ku nauce i wiedzy. Jeśli jesteś lub byłeś w podobnej sytuacji, weź pod uwagę, że szkoła nie jest jedynym miejscem, by zdobywać wykształcenie, a ocena szkolna nie jest miarą wartości człowieka.

Nie każdy potrafi uczyć się w tempie grupy, nie każdemu odpowiada środowisko szkolne. Za to w każdym wieku warto starać się poznawać i rozumieć. Sam możesz wybrać, czego i kiedy chcesz się uczyć. Powinieneś tylko dobrać odpowiednie dla siebie metody. Jeśli nie przepadasz za czytaniem lub nie możesz czytać – słuchaj, oglądaj, doświadczaj, choć oczywiście najlepiej jest połączyć te sposoby zdobywania wiedzy.

Może myślisz: „Po co mi to, i tak nie zostanę geniuszem". Skąd wiesz? Stephen Hawking, brytyjski astrofizyk i matematyk, dziś sława w swojej dziedzinie, był dobrym uczniem, ale nie wybitnym. Studiował nauki przyrodnicze i astronomię. Stale pogłębiał wiedzę i realizował coraz to nowsze projekty o dużym stopniu trudności. Nie przeszkodziła mu w tym nawet nieuleczalna i stale postępująca choroba (stwardnienie zanikowe boczne).

A zatem zastanów się... Może warto zmienić swoje podejście do uczenia się. Skorzystaj z różnych sposobów efektywnego zdobywania wiedzy. Może będzie to żmudne jak wspinaczka przez las, kiedy dookoła niewiele widać. Pomyśl jednak o celu. Wyobraź go sobie! Wzmocnienie wiary w siebie i dojście do celu warte jest Twojego wysiłku!

Rozdział 3

Odwiąż się od innych

Wróćmy do początków, czyli do czasów dzieciństwa, kiedy dla naszego bezpieczeństwa poruszaliśmy się w granicach wyznaczonych przez dorosłych: „tak jest dobrze", „tak jest źle", „to możesz", „tego nie wolno"... Kochamy swoich rodziców, wpaja się nam szacunek do nauczycieli, więc jesteśmy posłuszni, przynajmniej w pierwszym okresie życia. Jak już jednak pisałem, często się zdarza, że przenosimy takie zachowania w dorosłość i rozciągamy je na innych ludzi: współpracowników, szefów, kolegów i przyjaciół. Zwracamy uwagę na innych za bardzo i... tracimy samodzielność w myśleniu oraz działaniu.

Może potrafilibyśmy pofrunąć na skrzydłach marzeń, ale inni trzymają nas na niewidzialnych nitkach, podobnych w działaniu do sznurka, który nie pozwala latawcom wzbić się wyżej. Przyjrzyjmy się temu.

Co Cię trzyma na uwięzi? Czy jako dorosły człowiek zamierzasz uwzględniać wszystkie ograniczenia stworzone przez innych? Czy chcesz być tak zależny? Tak manipulowany? Myślę, że nie! Jak więc odróżnić nitki, które nie pozwalają nam rozwijać skrzydeł, od tych, które są konieczne dla funkcjonowania społeczeństwa?

Kogoś może dziwić, że na tak wiele spraw się nie godzisz, że jesteś inaczej zorganizowany, że masz potrzeby, których inni nie odczuwają. Takie zdziwienie jednak nie potrwa długo. Twoje otoczenie prędzej czy później się przyzwyczai. Reakcje w postaci niezadowolenia, zdziwienia czy wyśmiewania osłabną, a w końcu zupełnie ucichną. Wielu zacznie nawet myśleć z zazdrością: „Szkoda, że ja tak nie potrafię!".

To, czy się poddamy manipulacji, zależy wyłącznie od nas samych. Dlaczego zatem nawet ci, którzy dostrzegają swoje uzależnienie od innych, nic nie robią, by się uwolnić? Można powiedzieć, że to jest rodzaj bezpiecznego klinczu. To, że ktoś inny trzyma sznurki, zwalnia nas z odpowiedzialności za podejmowane decyzje. W razie niepowodzenia możemy zasłonić się formułką: „To Ty mi tak doradziłeś! Gdybyś wtedy mi powiedział, że to ryzykowne, to bym zrezygnował! Trzeba było mnie powstrzymać!".

Konsekwencją tych wszystkich nitek w dorosłym życiu jest brak wiary w siebie, która warunkuje spełnianie własnych marzeń i realizację pomysłów. Bez wiary w siebie będziemy szli przez życie (zawodowe i osobiste), zastanawiając się bez przerwy tym, co powie rodzina, koledzy, przełożeni. Intuicyjnie będziemy stawać krok w tyle za wszystkimi. Swoimi myślami będziemy dzielić się bardzo nieśmiało, a najczęściej stłamsimy je, zanim jeszcze dojrzeją. Wszystko po to, aby **uniknąć odpowiedzialności**. Będziemy najpierw sprawdzać, czy nie zadziała któryś ze sznurków. Jeśli tak i coś nas zatrzyma, szybko zrezygnujemy z nowego planu, choćbyśmy czuli, że jest naprawdę dobry i żałowali, że nie może być zrealizowany. Zapewniam Cię, że prędzej czy później przypomnisz sobie tę chwilę rezygnacji. Pomyśl o swoich starszych krewnych lub przyjaciołach, z którymi rozmawiasz czasem o życiu. Czy nie żałują porzucenia własnych marzeń pod wpływem opinii publicznej, którą dla przeciętnego człowieka jest rodzina i środowisko w miejscu zamieszkania?

Przyjrzyj się teraz sobie. Czy czasami nie wzmacniasz tych wszystkich sznurków i nitek swoim postępowaniem? Czy jeśli masz do zrobienia coś, na co nie masz ochoty albo wątpisz, że to potrafisz, to szukasz kogoś, kto to zrobi za Ciebie, bo „zrobi to lepiej"? A jeśli coś Ci się nie uda, to czy rozglądasz się wokół, żeby poszukać winnego? Zazwyczaj znajdzie się ktoś, kogo można wskazać, ale czy musisz to robić?

Konsekwencje porażki, złego wyboru, błędów i pomyłek są przykre, jednak warto je przeżyć, a naukę z nich płynącą wykorzystać w dalszym życiu. W akceptacji pomyłek może pomóc Ci myśl słynnego wynalazcy **Thomasa Edisona**: „Nie poniosłem porażki. Po prostu odkryłem

10 tysięcy błędnych rozwiązań!". Ania z Zielonego Wzgórza, popularna bohaterka książek dla grzecznych dziewczynek, urodzona optymistka, twierdziła, że w jej przypadku jedno jest pocieszające: nigdy dwa razy nie robi tego samego błędu. Może to o sobie powiedzieć prawie każdy z nas.

Co w zamian? Niepowtarzalny smak zwycięstwa (głównie nad sobą) odniesionego samodzielnie. Mówi się, że porażka jest sierotą, a sukces ma wielu ojców. Jeśli Twoje decyzje staną się suwerenne, każde Twoje osiągnięcie będzie w pełni należało do Ciebie. To sprawi Ci ogromną radość. Jednocześnie przyczyni się do wzrostu wiary w siebie. Każde kolejne ryzyko będziesz podejmować z dużo większym spokojem i przekonaniem, że plan się powiedzie; a nawet gdy się nie powiedzie, to wcześniej czy później znajdziesz wyjście z trudnej sytuacji i ruszysz dalej, być może z większym przyspieszeniem.

Stąd mój apel: odwiąż się od innych i weź odpowiedzialność za własne życie! Wtedy staniesz się wolny i zaczniesz sam decydować o sobie! Pamiętaj o tym, że presja nie winą innych. Nie masz wpływu na to, co robią i myślą, ale masz wpływ na swoje własne reakcje. To Ty decydujesz, jak się zachować. Czy nadal w każdej sytuacji zamierzasz ustępować i ulegać manipulacji? Czy też zaczniesz żyć według własnych planów?

Prawdziwa wolność przyniesie Ci najpierw trochę strachu: „Co teraz?", „Gdzie znajdę oparcie?", „Jak to, wszystko mogę? Co to znaczy wszystko?", „A jeśli się na sobie zawiodę?"... Zapewniam Cię jednak, że takie myśli zaledwie przemkną Ci przez głowę. Spróbuj na nie odpowiadać krótko i zwięźle. Na przykład: „Teraz ja decyduję o własnym życiu", „Oparcie mam w poczuciu własnej wartości", „Mogę wszystko, ale nie wszystko wybieram. Wybieram tylko to, co zostanie zaakceptowane przez moje wewnętrzne ja".

Może być też tak, że w pierwszych dniach po przyjęciu nowego sposobu postępowania trudno Ci będzie odpowiedzieć sobie na pytanie, czego tak naprawdę chcesz. To efekt lat podejmowania decyzji na uwięzi tych wszystkich sznurków i chęci przypodobania się otoczeniu.

Jeśli chcesz uwierzyć w siebie, to nie możesz pominąć tego etapu. Zmiana Twoich przyzwyczajeń zmieni nawyki Twoich bliskich, choć na pewno nie od razu; chyba że masz kilkanaście lat. Wtedy wszyscy rozumieją, że dorastasz i masz prawo do buntu. Potem jest trochę trudniej. Przy stawaniu się niezależnym pamiętaj o szacunku do innych. Dostrzegaj okazje, które pozwolą Ci przejawiać ciepłe uczucia. Może to być pamiętanie o ważnej dla kogoś rocznicy, zaoferowanie pomocy, jeśli taka jest potrzebna lub zwykłe zapytanie o zdrowie. Niezależność nie oznacza braku uczuć.

Warto zacząć od drobiazgów: autonomicznych decyzji w sprawie ubioru, wyboru pory posiłku czy odmowy zmiany planów tylko dlatego, że ktoś tego chce. To nikomu nie szkodzi ani nikogo nie krzywdzi. Uzasadniaj swoje postanowienia miłymi słowami, ale się nie tłumacz. Tłumaczyć się powinieneś tylko wtedy, gdy nie dotrzymasz obietnicy, nie zdążysz na czas lub nie będziesz mógł wypełnić przyjętych na siebie obowiązków. Decyzje w pozostałych przypadkach to wyłącznie Twoja sprawa. Ważne, by Twoim wyborom nie towarzyszyły emocje negatywne: złość albo zniecierpliwienie. Zrozum, że rodzina i przyjaciele na pewno nawet nie dostrzegają, że ich zachowanie to manipulacja, więc Twoją gwałtowną reakcją słusznie poczuliby się urażeni. Skupiliby się na tym, jak mówiłeś, a nie na tym, co mówiłeś. A przecież zależy Ci na przekazie konkretnej treści!

Rozdział 4

Znajdź pasję

Czym właściwie jest pasja? Pasja to taki rodzaj zainteresowania, któremu poświęca się większość wolnego czasu. Nie zawsze ma ona okazję ujawnić się w dzieciństwie, chociaż wtedy o to najłatwiej.

Jeśli szkoła jest kreatywna, a nauczanie każdego przedmiotu traktuje jak okazję do zainteresowania dzieci podejmowaną tematyką, to w uczniach ujawniają się talenty, które przeradzają się w pasje. W takich szkołach stosuje się ocenianie motywujące, czyli zachęcające do podejmowania wyzwań i rozwiązywania problemów, rozbudzające ciekawość i chęć do dalszej pracy. Dziecko intuicyjnie idzie w kierunku wyznaczonym przez własne zdolności, które mają szansę się ujawnić.

To, niestety, nie jest regułą. Co więc, jeśli szkoła, do której chodziliśmy lub chodzimy, okazała się zupełnie zwyczajna? Czy stoimy na przegranej pozycji i jesteśmy skazani na przeciętność? W żadnym wypadku. Talent można odkryć w każdym momencie życia.

Znany tancerz i choreograf Agustin Egurrola swoją przygodę z tańcem rozpoczął w wieku 19 lat. Wydawałoby się, że to przynajmniej o 10 lat za późno. A jednak! Przyjemność, jaką czerpał z tańca, sprawiła, że w ciągu kilku lat osiągnął poziom, który zapewnił mu zwycięstwo na mistrzostwach Polski i udział w prestiżowych zawodach międzynarodowych. Starał się nie tylko trenować dużo i u różnych mistrzów w kraju i za granicą. Uczył się także choreografii. Obecnie jest ekspertem w swojej dziedzinie. Prowadzi szkołę tańca i ma wiele zamówień na oprawę choreograficzną dużych imprez. Odniósł sukces, bo po pierwsze znalazł życiową pasję, a po drugie zajął się nią z wiarą w siebie.

Co zrobić, żeby odnaleźć dziedzinę, która stanie się naszą pasją? Przede wszystkim warto być otwartym na świat. Co to znaczy? Nie odbieraj sobie szansy wypróbowania czegoś nowego, gdy trafia się taka okazja. Skończyłeś 30 lat i nigdy nie grałeś na pianinie, a masz możliwość spróbować? Spróbuj! Od czasów szkolnych nie trzymałeś w ręku pędzla, a w pobliskim domu kultury rozpoczęły się zajęcia dla dorosłych właśnie z rysunku? Jeśli przemknęła Ci przez głowę myśl: „A może by tak…?", nie zastanawiaj się, lecz idź tam! Nigdy nie jeździłeś na nartach, a znajomi postanowili zimą wybrać się w góry i proponują Ci wspólny wyjazd? Masz „już" 40, 50 albo więcej lat? Jedź! Spróbuj teraz! Bo jeśli nie teraz, to kiedy?!

Jeśli już odkryjesz, że coś sprawia Ci przyjemność, zajmij się tym! Teraz! Bez względu na to, czy nowe zajęcie wiąże się z Twoim aktualnym zawodem.

Wanda Kudlaszyk, ceniona polska malarka nieprofesjonalna, z zawodu jest zootechnikiem. Mieszka w Gorzowie Wielkopolskim. Zadebiutowała już w dojrzałym wieku. W tej chwili ma za sobą wiele wystaw zbiorowych i indywidualnych. Doczekała się też wielu nagród.

Ważne jest szukanie impulsów motywujących. Co nazywam impulsami motywującymi? Ludzi oraz książki i programy, które wzmacniają decyzje i pozwalają utrzymywać stan motywacji na poziomie umożliwiającym stawianie kolejnych kroków. Otaczaj się więc ludźmi, którzy wzmogą w Tobie odwagę poszukiwacza, patrzących życzliwie i z przyjaźnią. Czytaj lektury wzbogacające Twoją wiedzę i zwiększające wiarę w siebie. Mogą to być dobre książki z dziedziny samorozwoju oraz biografie ludzi, których podziwiasz. Szukaj mistrzów w Twojej dziedzinie, zarówno wśród osób w swoim otoczeniu, jak i wśród postaci historycznych. Zobaczysz, że wcale nie jest ich tak niewielu. Wielu z nich przez lata tworzyło zupełnie zwyczajne dzieła, zanim ujawnił się ich talent lub wręcz geniusz.

Paul Cézanne przed 30 rokiem życia malował przeciętnie, niektórzy nawet twierdzili, że jego wczesne prace były po prostu złe. Zwrot w kierunku impresjonizmu zmienił sytuację. Cézanne wypracował swój styl i obecnie zalicza się do grona najlepszych impresjonistów.

Cesária Évora, piosenkarka pochodząca z Republiki Zielonego Przylądka, najpierw doznała pasma porażek, a w 1975 roku nawet odeszła od muzyki. Jej chwilowy powrót po kilku latach i pojawienie się na dwóch płytach przeszły bez echa. Miała już 47 lat, gdy na zaproszenie przyszłego agenta poleciała do Paryża. Kolejne dwie płyty cieszyły się umiarkowanym zainteresowaniem, dopiero lata 90. XX wieku przyniosły jej prawdziwy sukces i intratne kontrakty muzyczne. Choć sprzedała miliony płyt, przez całe życie odznaczała się skromnością.

Inspiracją dla nas może być także inny muzyk – śpiewak, tenor **Andrea Bocelli**. Urodził się z wrodzoną wadą wzroku. Jako kilkunastoletni chłopak całkowicie przestał widzieć. Na szczęście miał kochających i wspierających rodziców, którzy dbali o to, by mimo wszystko mógł się kształcić i rozwijać swoje zainteresowania. Już jako dziecko lubił muzykę i śpiew. Brał udział w konkursach wokalnych i odnosił w nich sukcesy, ale swoją przyszłość widział w zawodzie prawnika. Jednak już w latach studenckich (studiował w Pizie) wiele czasu poświęcał na granie i śpiewanie w barach. Jego interpretacje znanych piosenek wzruszały i zachwycały. Wreszcie postanowił poświęcić się muzyce. Podszedł do tego planowo. Zrezygnował z kariery prawniczej i zaczął dzielić czas między występy a naukę śpiewu. To był krok w dobrym kierunku. Teraz stoją przed nim otworem najbardziej renomowane sale koncertowe świata, a on sam czuje się człowiekiem spełnionym. Czy bez wiary w siebie mógłby to osiągnąć?

Na czym polega wpływ pasji na wiarę w siebie? Pasji nam nikt nie narzuca. Rozwijamy ją, bo chcemy, chociaż nie musimy. Sprawia nam to przyjemność. Z chęcią zdobywamy kolejne poziomy wtajemniczenia. Szukamy informacji oraz ludzi, z którymi możemy wymieniać doświadczenia. Stajemy się coraz bogatsi w wiedzę i kontakty, coraz pewniej się poruszamy w danym temacie. To wystarczy, żeby nasza wiara w siebie się umocniła.

Bardzo często zyskane w ten sposób poczucie pewności przenosi się na inne obszary życia.

Gdy przez jakiś czas mamy kłopoty w szkole lub pracy czy trudności rodzinne, właśnie pasja może nam pomóc je przetrwać. Bardzo często towarzyszy nam przez całe życie.

Do Księgi Rekordów Guinnessa aplikuje wyczyn małżeństwa **Esther i Martina Kaferów** z Vancouver, którzy od ponad pół wieku z zamiłowaniem chodzą po górach. Do każdej wędrówki rzetelnie się przygotowują. Znają góry i podchodzą do nich z pokorą. Wspinali się już na szczyty w wielu krajach na wszystkich kontynentach. W 2012 roku weszli na Kilimandżaro.

Spróbuj i Ty odkryć swoją pasję. Zrobisz dzięki temu milowy krok na drodze własnego rozwoju. Pasja może uruchomić w Tobie pokłady wytrwałości i wiary w siebie, o których istnieniu dotąd nie wiedziałeś. A to przełoży się na zadowolenie z życia i satysfakcję w różnych jego sferach.

Rozdział 5

Twórz wizję życia

Bez względu na to, ile masz lat, twórz swoją wizję życia. Żyć tu i teraz, to znaczy nie odkładać niczego na później. Czy często zdarza Ci się zwlekać z wypełnianiem zadań? Czy na myśl o tym, że trzeba się nimi zająć, ogarnia Cię zmęczenie i zniechęcenie? Jeśli tak, prawdopodobnie należysz do licznej grupy osób, u których bardziej niż u innych do głosu dochodzi prokrastynacja, czyli tendencja do zwlekania, widoczna zwłaszcza wtedy, gdy wiadomo, że nie można się spodziewać natychmiastowych efektów działań bądź też gdy zajęcie jest nieprzyjemne lub trudne. Amerykański filozof Donald Marquis mówi, że prokrastynacja jest „sztuką nadążania za dniem wczorajszym", a Wayne Dyer dodaje: „… i unikania jutra". Jej przejawem jest życie w ciągłej nadziei, że mimo bezczynności wszystko się ułoży. Tak jakby problem się rozwiązywał od samego tylko postanowienia, że kiedyś, w bliżej nieokreślonej przyszłości, coś się zrobi. A to przecież nieprawda. Problem powróci, a do tego czasu zatruje Ci życie niepokojem.

Napotykamy różne rodzaje zwlekania. Bardzo częste jest odkładanie pracy do pewnego momentu, by następnie ukończyć ją na krótko przed ostatecznym terminem. To forma oszukiwania siebie przez usprawiedliwianie: „Miałem za mało czasu". A wystarczyło zacząć działać odpowiednio wcześnie, by spokojnie ze wszystkim zdążyć.

Jak długo bezczynność można usprawiedliwiać słowami: „Może będzie dobrze", „Mam nadzieję, że jakoś wszystko się ułoży"? Jeśli dojdziesz do wniosku, że prokrastynacja przeszkadza Ci w życiu, postaraj się ją wyeliminować.

Jak pokonać tę skłonność? Jest kilka sposobów. Możesz na przykład podzielić swój czas na okresy półgodzinne, godzinne lub dwugodzinne, podczas których będziesz wykonywał wszystko bardzo intensywnie, bez zwlekania z czymkolwiek. Możesz od razu rozpocząć coś, co od dawna odkładałeś. Brian Tracy nazywa to „zjedzeniem żaby" i proponuje, żeby zawsze wykonywanie zadań zaczynać od tego, które wydaje się najtrudniejsze lub najmniej przyjemne, czyli od zjedzenia największej żaby. Bardzo prawdopodobne, że okaże się, iż nie było to wcale takie trudne, jak Ci się wydawało.

Odkładanie nie dotyczy wyłącznie zadań. Prokrastynacja przenosi się na całość życia. Postaraj się więc nie mówić: „Jak będę miał czas...", „Jak dzieci dorosną...", „Jak zarobię więcej pieniędzy...". To przecież nawet nie marzenia, lecz mrzonki usprawiedliwiające brak działań.

Bez wizji życia błądzimy po omacku. Nie znamy drogi. Poruszamy się jak w labiryncie. Może trafimy na jakieś szczęśliwe miejsce, a może nie. Wkładamy w chaotyczną wędrówkę wiele siły, poświęcamy na nią ogromnie dużo czasu, a efektów nie ma lub są znacznie mniejsze, niż oczekiwaliśmy. Postępując w ten sposób, nie będziemy wiedzieć, czy to, co robimy, ma jakiś sens.

Znacznie lepiej jest uzmysłowić sobie, do czego konkretnie chcemy dojść. Zacznij od stawiania sobie pytań. Na przykład: „Co dla mnie jest ważne?", „Co chcę osiągnąć?". Zobaczysz, że na wiele z takich pytań niełatwo jest odpowiedzieć, mimo że zadajesz je sam sobie. Nad każdym pytaniem, na które nie znajdujesz prostej odpowiedzi, warto zatrzymać się dłużej – tak długo, aż opadną emocje i uświadomisz sobie, co naprawdę myślisz na dany temat. Niekiedy trzeba najpierw zmierzyć się z barierą zbudowaną z rutyny, przyzwyczajeń, nawyków, zwyczajów i zasad dobrego wychowania.

Jak tworzyć wizję życia, by nie należała do pośledniego gatunku „mrzonki", ale do dużo lepszego, nazwanego „marzeniem"? Jeśli udało Ci się dokonać swoistego resetu umysłu poprzez poznanie siebie, określenie wartości nadrzędnych i sformułowanie odpowiedzi na trudne pytania, spróbuj zastanowić się nad tym, co chciałbyś robić, gdzie mieszkać, jakim być człowiekiem. Poszukaj przykładów ludzi, którzy robią to, czym Ty chciałbyś się zajmować, mieszkają tam, gdzie Ty chciałbyś mieszkać. Ich doświadczenia będą Cię inspirowały oraz wzmacniały Twoją wizję życia i wiarę w siebie. Przypatrz się tym momentom w ich życiu, które okazały się decydujące. Przyjrzyj się także, jak reagowali na niepowodzenia. Co robili, żeby drobne porażki nie spowodowały rezygnacji z planów?

Na koniec lektury tego rozdziału zastanów się nad tym, jak poglądy religijne mogą rzutować na tworzenie wizji życia. Niektóre religie podkreślają istotną rolę przeznaczenia w kształtowaniu losu człowieka. Ludzie w wielu społeczeństwach wierzą w to przesłanie i nie biorą w ogóle pod uwagę, że mogliby coś zmienić w swoim życiu. Z pokorą przyjmują biedę i poniżenie. Są przekonani, że jakaś siła wyższa chciała, żeby tak wyglądała ich egzystencja i nie ma od tego ucieczki. Takimi ludźmi bardzo łatwo manipulować. Wszystko można wytłumaczyć wolą Boską, co zapobiega ewentualnym protestom i próbom wyłamania się z porządku społecznego utrwalonego zasadami religijnymi.

☼

Rozdział 6

Przeszkody

Każdy z nas jest ukształtowany inaczej. Genetyka ma wpływ nie tylko na to, jak wyglądamy, ale również na to, jacy jesteśmy. Dziedziczymy pewne predyspozycje charakterologiczne, temperament, ale nie osobowość. Osobowość jest dynamiczna. Rozwija się przez całe nasze życie (najbardziej intensywnie w dzieciństwie i młodości) pod wpływem bodźców pochodzących ze środowiska (rodziny, szkoły i temu podobnych). Od czego zależy więc nasze postępowanie poza uwarunkowaniami biologicznymi? Od tego, z kim się stykamy i czego doświadczamy.

Bez względu na to, jak się kształtowała Twoja osobowość, wchodzisz w okres dorosłości z pewnym bagażem. Jeśli wychowałeś się w kochającej, wspierającej się wzajemnie rodzinie, posiadasz te wszystkie podstawy, o których pisałem wcześniej. Dzięki nim wiesz, że jesteś wartościowy jako jednostka ludzka. Nie łączysz swoich cech z porażkami.

Porażka to tylko niepowodzenie pewnych działań. To one się nie udały. Ty pozostałeś tak samo wartościowym człowiekiem jak przedtem.

Niestety, bardzo często wychowanie łączy się z rozwijaniem w człowieku poczucia winy. Poczucie winy to nic innego, jak przypisywanie samemu sobie całej odpowiedzialności za skutki działań. Poczucie winy lubi się rozrastać. Rodzi się w dzieciństwie, kiedy maluch słyszy: „Jesteś niedobry, bo uderzyłeś ciocię", „Jesteś arogancki, bo nie powiedziałeś »dzień dobry« sąsiadce", „Przynosisz nam wstyd ocenami"... To słowa oceniające człowieka, a nie jego postępowanie! Czy to nie wszystko jedno? Absolutnie nie! Trudno się zmienić, jeśli ktoś przyklei człowiekowi etykietkę: „Jesteś zły". To daje małe pole do manewru. Inaczej jest, jeśli ktoś oznajmi: „Źle zrobiłeś". Zdarzenie już miało miejsce. Można pożałować swego postępowania i je zmienić. Charakter nic do tego nie ma. Trudno wierzyć w siebie, jeśli człowiek przyjmie za prawdę, że się do niczego nie nadaje. Nie gódźmy się na to, by ktokolwiek nami manipulował, wzbudzając w nas poczucie winy!

Poczucie winy może być tak silne, że zabije w nas wszelką aktywność. Wiarę w siebie, jeśli nie jest oparta na solidnych podstawach, niszczą także wszelkiego typu lęki. Lęk przed nieznanym, przed krytyką, ośmieszeniem, osamotnieniem.

Refleksje końcowe

Wiary w siebie potrzebuje każdy. Najważniejszą jej konsekwencją jest uzyskanie kontroli nad własnym życiem. Przestajemy być tratwą dryfującą na fali, którą prąd wody znosi, gdzie chce. Wiara w siebie uzbroi nas w ster i napęd, dzięki którym określimy kierunek i tempo, w jakim będziemy się poruszać. Pożeglujemy po odmętach życia pewnie! Pomoże nam w tym znajomość mechanizmów działania społeczeństw oraz głęboka wiedza o sobie i innych ludziach.

Oprzemy nasze cele na mocnych podstawach, dzięki czemu będziemy mieć zaufanie do siebie i swoich decyzji. Wiele z nich będzie decyzjami trafnymi, a te nietrafne nie spowodują, że zmienimy swoją samoocenę. Na ich podstawie jedynie zmodyfikujemy postępowanie, by mogło przynieść planowane rezultaty.

Poglądy głoszone przez każdego z nas wynikają z naszej aktualnej wiedzy i przemyśleń. Jeśli więc chcesz uwierzyć w siebie, otwórz się na nowe informacje. Nie zawsze to, czego dowiedziałeś się w szkole lub nawet przed kilku laty, jest aktualne przez całe życie. Pamiętaj, że masz dostęp tylko do ułamka wiedzy, którą dysponuje ludzkość. Niemożliwe jest, byś poznał całą wiedzę, ale możesz zwiększyć swoją własną dzięki nowym książkom, nowym rozmowom, nowym myślom.

Wróćmy na chwilę do treści w środkach masowego przekazu. Podobnie jak w przypadku lektur trzeba starannie wybierać źródła. Jest ich wiele: prasa, radio, telewizja, Internet. Nie warto zaśmiecać sobie głowy byle jakimi tekstami, filmami czy programami. Zabiorą nam tylko czas, którego nigdy nie odzyskamy. Nic pozytywnego nie wynika z wielogodzinnego ślęczenia przed ekranem komputera, stukrotnego sprawdzania poczty czy przyglądania się ofercie samochodów, jeśli nie mamy zamiaru kupić nowego auta w najbliższej przyszłości. Warto znaleźć własną pasję i stworzyć swoją wizję życia. Spróbuj to zrobić. Najważniejszym Twoim słowem powinno się stać słowo „wybieram": „Wybieram tę audycję!", „Wybieram ten portal internetowy", „Wybieram ten artykuł w prasie!".

Tak samo wybierajmy ludzi, z którymi chcemy się spotykać. Róbmy to z rozmysłem, ale pozwólmy, by powody i cele spotkań były różne. Z jednymi będzie łączyć nas praca, z innymi pasja, a jeszcze innych po prostu chętnie posłuchamy jako mentorów i autorytety wzmacniające naszą wiarę w siebie. Nieistotne, czy są znani jak Leonardo da Vinci lub Albert Einstein, czy też zupełnie zwyczajni jak sąsiad z przeciwka, którego pasją jest modelarstwo, a który o składanych przez siebie samolotach wie wszystko. Poznawajmy tych ludzi i czerpmy od nich inspirację.

Przypatrzmy się, jak wielką rolę w rozwoju ludzi kreatywnych odegrała wyobraźnia. To prawdziwa potęga! Pozwala tworzyć świat, którego nie ma. Jeszcze nie ma!

Kiedy **Leonardo da Vinci** snuł marzenia o latających ludziach, Kościół uznał to za herezję.

Jednak artysta przez wiele lat prowadził dogłębne studia, które upewniły go, że jego marzenia mogą się spełnić. Obserwował i analizował. Czytał i badał. Wraz z wiedzą rosła jego wiara w realizację wizji człowieka unoszącego się w powietrzu. Na szkicu swej latającej machiny zapisał nawet kilka proroczych słów. Dziś wiemy, jak były prawdziwe. W powietrzu unoszą się najprzeróżniejsze „machiny latające": samoloty, balony, lotnie, motolotnie, nie mówiąc już o rakietach, które wynoszą statki kosmiczne daleko poza orbitę Ziemi.

Warto pamiętać też o przeszkodach utrudniających rozwijanie wiary w siebie. W większości są one pozorne i powstają w naszych umysłach. Przestają istnieć, gdy zmieniamy myślenie. Niestety, są też przeszkody od nas niezależne. Najważniejszą z nich jest niepełnosprawność. Okazuje się jednak, że można wierzyć w siebie mimo ograniczeń. Przedstawiłem już sylwetki niepełnosprawnych sportsmenek, teraz chciałbym wskazać na niepełnosprawnych malarzy. Patrząc na ich obrazy, malowane z ogromną precyzją, trudno się domyślić, że ich twórcy trzymali pędzel ustami lub nogami. Ludzie ci pokazują, że z powodu kalectwa nie trzeba zamykać się przed światem. Są otwarci i bardzo towarzyscy. Stale się uczą, poznają nowe techniki i dostosowują je do swoich możliwości. Ich dzieła niekiedy osiągają wysokie ceny.

Do takich osób należy chiński malarz **Huang Guofu**. Jako dziecko został porażony prądem i stracił obie ręce. To nie przeszkodziło mu w realizacji marzeń, a chciał malować obrazy. W wieku 12 lat nauczył się trzymać pędzel palcami nóg. Uczył się i ćwiczył malowanie. Gdy kilka lat później zmarł jego ojciec, sam musiał zarobić na swoje utrzymanie. Rzucił studia i zaczął odwiedzać duże miasta w różnych regionach Chin. Malował obrazy na ulicach i sprzedawał je. Opanował sztukę malowania pędzlem trzymanym w ustach. Powstające obrazy zwróciły uwagę marszandów. Swoimi dokonaniami Huang Guofu zainspirował innych ludzi o podobnej niepełnosprawności. Często powtarzane jest jego zdanie, że chciałby, by młodsze pokolenia wiedziały, iż nie ma żadnych poważnych trudności w życiu, a jedyną przeszkodą w działaniu może być tylko to, że tak naprawdę nie chcesz czegoś zrobić.

Podobną drogę przeszło wielu innych ludzi, na przykład **Daniel Laflamme** z **Quebecu**. Wiara w siebie i w powodzenie własnych pomysłów nie zależy od stanu ciała człowieka, a wyłącznie od stanu ducha, czyli od naszego myślenia, a to akurat każdy z nas może zmienić.

Jeśli brakuje Ci wiary w siebie, zacznij od przyjrzenia się przyczynom (ale nie skupiaj się na nich zbyt długo). Teraz już wiesz, gdzie ich szukać. Może nie wierzysz w swoje możliwości? Może niedostatecznie poznałeś siebie? Może masz niewłaściwe kontakty z innymi ludźmi? A może brakuje Ci wiedzy? Czasami wystarczy pozbyć się ograniczających przekonań. To od Ciebie zależy, czy towarzyszyć Ci będą poglądy otwierające i wzmacniające, czy też ograniczające i osłabiające. Przekonania są tylko sprawą wyboru. Warto mieć tę świadomość.

Rozważ to punkt po punkcie, a potem tak samo dokładnie uzupełnij wszystkie braki. Wtedy wiara w siebie stanie się Twoją nieodłączną towarzyszką.

Co możesz zapamiętać?

1. Nie ma potężniejszej siły popychającej człowieka do czynu niż wiara w siebie.
2. Z wiarą w siebie sukces nie jest pewny, ale bez niej – zupełnie niemożliwy.
3. Wiara w siebie wyrasta z poczucia własnej wartości, które opiera się na wierności wartościom nadrzędnym, akceptacji siebie oraz dobrych kontaktach z innymi. Ostatnim elementem fundamentu, ale równie ważnym, jest wiedza.
4. Wiara w siebie jest głębokim przekonaniem, że to, co zamierzamy zrobić lub co robimy, przyniesie w bliższej lub dalszej przyszłości sukces.
5. Człowiek pozbawiony wiedzy czuje się niepewnie, jest podatny na manipulację i w wielu sytuacjach bezradny.

6. W procesie kształtowania wiary w siebie ważne są kontakty z innymi ludźmi.

Bibliografia

Albright M., Carr C., *Największe błędy menedżerów*, Warszawa 1997.

Allen B.D., Allen W.D., *Formuła 2+2. Skuteczny coaching*, Warszawa 2006.

Anderson Ch., *Za darmo: przyszłość najbardziej radykalnej z cen*, Kraków 2011.

Anthony R., *Pełna wiara w siebie*, Warszawa 2005.

Ariely D., *Zalety irracjonalności. Korzyści z postępowania wbrew logice w domu i pracy*, Wrocław 2010.

Bates W.H., *Naturalne leczenie wzroku bez okularów*, Katowice 2011.

Bettger F., *Jak umiejętnie sprzedawać i zwielokrotnić dochody*, Warszawa 1995.

Blanchard K., Johnson S., *Jednominutowy menedżer*, Konstancin-Jeziorna 1995.

Blanchard K., O'Connor M., *Zarządzanie poprzez wartości*, Warszawa 1998.

Bogacka A.W., *Zdrowie na talerzu*, Białystok 2008.

Bollier D., *Mierzyć wyżej. Historie 25 firm, które osiągnęły sukces, łącząc skuteczne zarządzanie z realizacją misji społecznych, Warszawa 1999.

Bond W.J., *199 sytuacji, w których tracimy czas, i jak ich uniknąć*, Gdańsk 1995.

Bono E. de, *Dziecko w szkole kreatywnego myślenia*, Gliwice 2010.

Bono E. de, *Sześć kapeluszy myślowych*, Gliwice 2007.

Bono E. de, *Sześć ram myślowych*, Gliwice 2009.

Bono E. de, *Wodna logika. Wypłyń na szerokie wody kreatywności*, Gliwice 2011.

Bossidy L., Charan R., *Realizacja. Zasady wprowadzania planów w życie*, Warszawa 2003.

Branden N., *Sześć filarów poczucia własnej wartości*, Łódź 2010.

Branson R., *Zaryzykuj – zrób to! Lekcje życia*, Warszawa-Wesoła 2012.

Brothers J., Eagan E, *Pamięć doskonała w 10 dni*, Warszawa 2000.

Buckingham M., *To jedno, co powinieneś wiedzieć... o świetnym zarządzaniu, wybitnym przywództwie i trwałym sukcesie osobistym*, Warszawa 2006.

Buckingham M., *Wykorzystaj swoje silne strony. Użyj dźwigni swojego talentu*, Waszawa 2010

Buckingham M., Clifton D.O., *Teraz odkryj swoje silne strony*, Warszawa 2003.

Butler E., Pirie M., *Jak podwyższyć swój iloraz inteligencji?*, Gdańsk 1995.

Buzan T., *Mapy myśli*, Łódź 2008.

Buzan T., *Pamięć na zawołanie*, Łódź 1999.

Buzan T., *Podręcznik szybkiego czytania*, Łódź 2003.

Buzan T., *Potęga umysłu. Jak zyskać sprawność fizyczną i umysłową: związek umysłu i ciała*, Warszawa 2003.

Buzan T., Dottino T., Israel R., *Zwykli ludzie – liderzy. Jak maksymalnie wykorzystać kreatywność pracowników*, Warszawa 2008.

Carnegie D., *I ty możesz być liderem*, Warszawa 1995.

Carnegie D., *Jak przestać się martwić i zacząć żyć*, Warszawa 2011.

Carnegie D., *Jak zdobyć przyjaciół i zjednać sobie ludzi*, Warszawa 2011.

Carnegie D., *Po szczeblach słowa. Jak stać się doskonałym mówcą i rozmówcą*, Warszawa 2009.

Carnegie D., Crom M., Crom J.O., *Szkoła biznesu. O pozyskiwaniu klientów na zawsze*, Waszrszawa 2003

Cialdini R., *Wywieranie wpływu na ludzi*, Gdańsk 1998.

Clegg B., *Przyspieszony kurs rozwoju osobistego*, Warszawa 2002.

Cofer C.N., Appley M.H., *Motywacja: teoria i badania*, Warszawa 1972.

Cohen H., *Wszystko możesz wynegocjować. Jak osiągnąć to, co chcesz*, Warszawa 1997. r Covey S.R., 3. rozwiązanie, Poznań 2012.

Covey S.R., *7 nawyków skutecznego działania*, Poznań 2007.

Covey S.R., *8. nawyk*, Poznań 2006.

Covey S.R., Merrill A.R., Merrill R.R., *Najpierw rzeczy najważniejsze*, Warszawa 2007.

Craig M., *50 najlepszych (i najgorszych) interesów w historii biznesu*, Warszawa 2002.

Csikszentmihalyi M., *Przepływ: psychologia optymalnego doświadczenia*, Wrocław 2005

Davis R.C., Lindsmith B., *Ludzie renesansu: umysły, które ukształtowały erę nowożytną*, Poznań 2012

Davis R.D., Braun E.M., *Dar dysleksji. Dlaczego niektórzy zdolni ludzie nie umieją czytać i jak mogą się nauczyć*, Poznań 2001.

Dearlove D., *Biznes w stylu Richarda Bransona. 10 tajemnic twórcy megamarki*, Gdańsk 2009.

DeVos D., *Podstawy wolności. Wartości decydujące o sukcesie jednostek i społeczeństw*, Konstancin-Jeziorna 1998.

DeVos R.M., Conn Ch.P., *Uwierz! Credo człowieka czynu, współzałożyciela Amway Corporation, hołdującego zasadom, które uczyniły Amerykę wielką*, Warszawa 1994.

Dixit A.K., Nalebuff B.J., *Myślenie strategiczne. Jak zapewnić sobie przewagę w biznesie, polityce i życiu prywatnym*, Gliwice 2009.

Dixit A.K., Nalebuff B.J., *Sztuka strategii. Teoria gier w biznesie i życiu prywatnym*, Warszawa 2009.

Dobson J., *Jak budować poczucie wartości w swoim dziecku*, Lublin 1993.

Doskonalenie strategii (seria *Harvard Bussines Review*), praca zbiorowa, Gliwice 2006.

Dryden G., Vos J., *Rewolucja w uczeniu*, Poznań 2000.

Dyer W.W., *Kieruj swoim życiem*, Warszawa 2012.

Dyer W.W., *Pokochaj siebie*, Warszawa 2008.

Edelman R.C., Hiltabiddle T.R., Manz Ch.C., *Syndrom miłego człowieka*, Gliwice 2010.

Eichelberger W., Forthomme P., Nail F., *Quest. Twoja droga do sukcesu. Nie ma prostych recept na sukces, ale są recepty skuteczne*, Warszawa 2008.

Enkelmann N.B., *Biznes i motywacja*, Łódź 1997.

Eysenck H. i M., *Podpatrywanie umysłu. Dlaczego ludzie zachowują się tak, jak się zachowują?*, Gdańsk 1996.

Ferriss T., *4-godzinny tydzień pracy. Nie bądź płatnym niewolnikiem od 7.00 do 17.00*, Warszawa 2009.

Flexner J.T., Waschington. *Człowiek niezastąpiony*, Warszawa 1990.

Forward S., Frazier D., *Szantaż emocjonalny: jak obronić się przed manipulacją i wykorzystaniem*, Gdańsk 2011.

Frankl V.E., *Człowiek w poszukiwaniu sensu*, Warszawa 2009.

Fraser J.F., *Jak Ameryka pracuje*, Przemyśl 1910.

Freud Z., *Wstęp do psychoanalizy*, Warszawa 1994.

Fromm E., *Mieć czy być*, Poznań 2009.

Fromm E., *Niech się stanie człowiek. Z psychologii etyki*, Warszawa 2005.

Fromm E., *O sztuce miłości*, Poznań 2002.

Fromm E., *O sztuce słuchania. Terapeutyczne aspekty psychoanalizy*, Warszawa 2002.

Fromm E., *Serce człowieka. Jego niezwykła zdolność do dobra i zła*, Warszawa 2000.

Fromm E., *Ucieczka od wolności*, Warszawa 2001.

Fromm E., *Zerwać okowy iluzji*, Poznań 2000.

Galloway D., *Sztuka samodyscypliny*, Warszawa 1997.

Gardner H., *Inteligencje wielorakie – teoria w praktyce*, Poznań 2002.

Gawande A., *Potęga checklisty: jak opanować chaos i zyskać swobodę w działaniu*, Kraków 2012.

Gelb M.J., *Leonardo da Vinci odkodowany*, Poznań 2005.

Gelb M.J., Miller Caldicott S., *Myśleć jak Edison*, Poznań 2010.

Gelb M.J., *Myśleć jak geniusz*, Poznań 2004.

Gelb M.J., *Myśleć jak Leonardo da Vinci*, Poznań 2001.

Giblin L., *Umiejętność postępowania z innymi...*, Kraków 1993.

Girard J., Casemore R., *Pokonać drogę na szczyt*, Warszawa 1996.

Glass L., *Toksyczni ludzie*, Poznań 1998.

Godlewska M., *Jak pokonałam raka*, Białystok 2011.

Godwin M., *Kim jestem? 101 dróg do odkrycia siebie*, Warszawa 2001.

Goleman D., *Inteligencja emocjonalna*, Poznań 2002.

Gordon T., *Wychowywanie bez porażek szefów, liderów, przywódców*, Warszawa 1996.

Gorman T., *Droga do skutecznych działań. Motywacja*, Gliwice 2009.

Gorman T., *Droga do wzrostu zysków. Innowacja*, Gliwice 2009.

Greenberg H., Sweeney P., *Jak odnieść sukces i rozwinąć swój potencjał*, Warszawa 2007.

Habeler P., Steinbach K., *Celem jest szczyt*, Warszawa 2011.

Hamel G., Prahalad C.K., *Przewaga konkurencyjna jutra*, Warszawa 1999.

Hamlin S., *Jak mówić, żeby nas słuchali*, Poznań 2008.

Hill N., *Klucze do sukcesu*, Warszawa 1998.

Hill N., *Magiczna drabina do sukcesu*, Warszawa 2007.

Hill N., *Myśl!... i bogać się. Podręcznik człowieka interesu*, Warszawa 2012.

Hill N., *Początek wielkiej kariery*, Gliwice 2009.

Ingram D.B., Parks J.A., *Etyka dla żółtodziobów, czyli wszystko, co powinieneś wiedzieć o...*, Poznań 2003.

Jagiełło J., Zuziak W. [red.], *Człowiek wobec wartości*, Kraków 2006.

James W., *Pragmatyzm*, Warszawa 2009.

Jamruszkiewicz J., *Kurs szybkiego czytania*, Chorzów 2002.

Johnson S., *Tak czy nie. Jak podejmować dobre decyzje*, Konstancin-Jeziorna 1995.

Jones Ch., *Życie jest fascynujące*, Konstancin-Jeziorna 1993.

Kanter R.M., *Wiara w siebie. Jak zaczynają się i kończą dobre i złe passy*, Warszawa 2006.

Keller H., *Historia mojego życia*, Warszawa 1978.

Kirschner J., *Zwycięstwo bez walki. Strategie przeciw agresji*, Gliwice 2008.

Koch R., *Zasada 80/20. Lepsze efekty mniejszym nakładem sił i środków*, Konstancin--Jeziorna 1998.

Kopmeyer M.R., *Praktyczne metody osiągania sukcesu*, Warszawa 1994.

Ksenofont, *Cyrus Wielki. Sztuka zwyciężania*, Warszawa 2008.

Kuba A., Hausman J., *Dzieje samochodu*, Warszawa 1973.

Kumaniecki K., *Historia kultury starożytnej Grecji i Rzymu*, Warszawa 1964.

Lamont G., *Jak podnieść pewność siebie*, Łódź 2008.

Leigh A., Maynard M., *Lider doskonały*, Poznań 1999.

Littauer F., *Osobowość plus*, Warszawa 2007.

Loreau D., *Sztuka prostoty*, Warszawa 2009.
Lott L., Intner R., Mendenhall B., *Autoterapia dla każdego. Spróbuj w osiem tygodni zmienić swoje życie*, Warszawa 2006.
Maige Ch., Muller J.-L., *Walka z czasem. Atut strategiczny przedsiębiorstwa*, Warszawa 1995.
Mansfield P., *Jak być asertywnym*, Poznań 1994.
Martin R., *Niepokorny umysł. Poznaj klucz do myślenia zintegrowanego*, Gliwice 2009.
Maslow A., *Motywacja i osobowość*, Warszawa 2009.
Matusewicz Cz., *Wprowadzenie do psychologii*, Warszawa 2011.
Maxwell J.C., *21 cech skutecznego lidera*, Warszawa 2012.
Maxwell J.C., *Tworzyć liderów, czyli jak wprowadzać innych na drogę sukcesu*, Konstancin-Jeziorna 1997.
Maxwell J.C., *Wszyscy się komunikują, niewielu potrafi się porozumieć*, Warszawa 2011.
McCormack M.H., *O zarządzaniu*, Warszawa 1998.
McElroy K., *Jak inwestować w nieruchomości. Znajdź ukryte zyski, których większość inwestorów nie dostrzega*, Osielsko 2008.
McGee P., *Pewność siebie. Jak mała zmiana może zrobić wielką różnicę*, Gliwice 2011.
McGrath H., Edwards H., *Trudne osobowości. Jak radzić sobie ze szkodliwymi zachowaniami innych oraz własnymi*, Poznań 2010.

Mellody P., Miller A.W., Miller J.K., *Toksyczna miłość i jak się z niej wyzwolić*, Warszawa 2013.

Melody B., *Koniec współuzależnienia*, Poznań 2002.

Miller M., *Style myślenia*, Poznań 2000.

Mingotaud F., *Sprawny kierownik. Techniki osiągania sukcesów*, Warszawa 1994.

MJ DeMarco, *Fastlane milionera*, Katowice 2012.

Morgenstern J., *Jak być doskonale zorganizowanym*, Warszawa 2000.

Nay W.R., *Związek bez gniewu. Jak przerwać błędne koło kłótni, dąsów i cichych dni*, Warszawa 2011.

Nierenberg G.I., *Ekspert. Czy nim jesteś?*, Warszawa 2001.

Ogger G., *Geniusze i spekulanci. Jak rodził się kapitalizm*, Warszawa 1993.

Osho, *Księga zrozumienia. Własna droga do wolności*, Warszawa 2009.

Parkinson C.N., *Prawo pani Parkinson*, Warszawa 1970.

Peale N.V., *Entuzjazm zmienia wszystko. Jak stać się zwycięzcą*, Warszawa 1996.

Peale N.V., *Możesz, jeśli myślisz, że możesz*, Warszawa 2005.

Peale N.V., *Rozbudź w sobie twórczy potencjał*, Warszawa 1997.

Peale N.V., *Uwierz i zwyciężaj. Jak zaufać swoim myślom i poczuć pewność siebie*, Warszawa 1999.

Pietrasiński Z., *Psychologia sprawnego myślenia*, Warszawa 1959.

Pilikowski J., *Podróż w świat etyki*, Kraków 2010.

Pink D.H., *Drive*, Warszawa 2011.

Pirożyński M., *Kształcenie charakteru*, Poznań 1999.

Pismo Święte Starego i Nowego Testamentu. Biblia Tysiąclecia, Warszawa 2002.

Pismo Święte w Przekładzie Nowego Świata, 1997.

Popielski K., *Psychologia egzystencji. Wartości w życiu*, Lublin 2009.

Poznaj swoją osobowość, Bielsko-Biała 1996.

Przemieniecki J., *Psychologia jednostki. Odkoduj szyfr do swego umysłu*, Warszawa 2008.

Pszczołowski T., *Umiejętność przekonywania i dyskusji*, Gdańsk 1998.

Reiman T., *Potęga perswazyjnej komunikacji*, Gliwice 2011.

Robbins A., *Nasza moc bez granic. Skuteczna metoda osiągania życiowych sukcesów za pomocą NLP*, Konstancin-Jeziorna 2009.

Robbins A., *Obudź w sobie olbrzyma… i miej wpływ na całe swoje życie – od zaraz*, Poznań 2002.

Robbins A., *Olbrzymie kroki*, Warszawa 2001.

Robert M., *Nowe myślenie strategiczne: czyste i proste*, Warszawa 2006.

Robinson J.W., *Imperium wolności. Historia Amway Corporation*, Warszawa 1997.

Rose C., Nicholl M.J., *Ucz się szybciej, na miarę XXI wieku*, Warszawa 2003.
Rose N., *Winston Churchill. Życie pod prąd*, Warszawa 1996.
Rychter W., *Dzieje samochodu*, Warszawa 1962.
Ryżak Z., *Zarządzanie energią kluczem do sukcesu*, Warszawa 2008.
Savater F., *Etyka dla syna*, Warszawa 1996.
Schäfer B., *Droga do finansowej wolności. Pierwszy milion w ciągu siedmiu lat*, Warszawa 2011.
Schäfer B., *Zasady zwycięzców*, Warszawa 2007.
Scherman J.R., *Jak skończyć z odwlekaniem i działać skutecznie*, Warszawa 1995.
Schuller R.H., *Ciężkie czasy przemijają, bądź silny i przetrwaj je*, Warszawa 1996.
Schwalbe B., Schwalbe H., Zander E., *Rozwijanie osobowości. Jak zostać sprzedawcą doskonałym*, tom 2, Warszawa 1994.
Schwartz D.J., *Magia myślenia kategoriami sukcesu*, Konstancin-Jeziorna 1994.
Schwartz D.J., *Magia myślenia na wielką skalę. Jak zaprząc duszę i umysł do wielkich osiągnięć*, Warszawa 2008.
Scott S.K., *Notatnik milionera. Jak zwykli ludzie mogą osiągać niezwykłe sukcesy*, Warszawa 1997.
Sedlak K. [red.], *Jak poszukiwać i zjednywać najlepszych pracowników*, Kraków 1995.

Seiwert L.J., *Jak organizować czas*, Warszawa 1998.
Seligman M.E.P., *Co możesz zmienić, a czego nie możesz*, Poznań 1995.
Seligman M.E.P., *Pełnia życia*, Poznań 2011.
Seneka, *Myśli*, Kraków 1989.
Sewell C., Brown P.B., *Klient na całe życie, czyli jak przypadkowego klienta zmienić w wiernego entuzjastę naszych usług*, Warszawa 1992.
Słownik pisarzy antycznych, Warszawa 1982.
Smith A., *Umysł*, Warszawa 1989.
Spector R., *Amazon.com. Historia przedsiębiorstwa, które stworzyło nowy model biznesu*, Warszawa 2000.
Spence G., *Jak skutecznie przekonywać... wszędzie i każdego dnia*, Poznań 2001.
Sprenger R.K., *Zaufanie # 1*, Warszawa 2011.
Staff L., *Michał Anioł*, Warszawa 1990.
Stone D.C., *Podążaj za swymi marzeniami*, Konstancin-Jeziorna 1998.
Swiet J., *Kolumb*, Warszawa 1979.
Szurawski M., *Pamięć. Trening interaktywny*, Łódź 2004.
Szyszkowska M., *W poszukiwaniu sensu życia*, Warszawa 1997.
Tatarkiewicz W., *O szczęściu*, Warszawa 1979.
Tavris C., Aronson E., *Błądzą wszyscy (ale nie ja)*, Sopot-Warszawa 2008.

Tracy B., *Milionerzy z wyboru. 21 tajemnic sukcesu*, Warszawa 2002.

Tracy B., *Plan lotu. Prawdziwy sekret sukcesu*, Warszawa 2008.

Tracy B., Scheelen F.M., *Osobowość lidera*, Warszawa 2001.

Tracy B., *Sztuka zatrudniania najlepszych. 21 praktycznych i sprawdzonych technik do wykorzystania od zaraz*, Warszawa 2006.

Tracy B., *Turbostrategia. 21 skutecznych sposobów na przekształcenie firmy i szybkie zwiększenie zysków*, Warszawa 2004.

Tracy B., *Zarabiaj więcej i awansuj szybciej. 21 sposobów na przyspieszenie kariery*, Warszawa 2007.

Tracy B., *Zarządzanie czasem*, Warszawa 2008.

Tracy B., *Zjedz tę żabę. 21 metod podnoszenia wydajności w pracy i zwalczania skłonności do zwlekania*, Warszawa 2005.

Twentier J.D., *Sztuka chwalenia ludzi*, Warszawa 1998.

Urban H., *Moc pozytywnych słów*, Warszawa 2012.

Ury W., *Odchodząc od nie. Negocjowanie od konfrontacji do kooperacji*, Warszawa 2000.

Vitale J., Klucz do sekretu. *Przyciągnij do siebie wszystko, czego pragniesz*, Gliwice 2009.

Waitley D., *Być najlepszym*, Warszawa 1998.

Waitley D., *Imperium umysłu*, Konstancin-Jeziorna 1997.

Waitley D., *Podwójne zwycięstwo*, Warszawa 1996.
Waitley D., *Sukces zależy od właściwego momentu*, Warszawa 1997.
Waitley D., Tucker R.B., *Gra o sukces. Jak zwyciężać w twórczej rywalizacji*, Warszawa 1996.
Walton S., Huey J., *Sam Walton. Made in America*, Warszawa 1994.
Waterhouse J., Minors D., Waterhouse M., *Twój zegar biologiczny. Jak żyć z nim w zgodzie*, Warszawa 1993.
Wegscheider-Cruse S., *Poczucie własnej wartości. Jak pokochać siebie*, Gdańsk 2007.
Wilson P., *Idealna równowaga. Jak znaleźć czas i sposób na pełnię życia*, Warszawa 2010.
Ziglar Z., *Do zobaczenia na szczycie*, Warszawa 1995.
Ziglar Z., *Droga na szczyt*, Konstancin-Jeziorna 1995.
Ziglar Z., *Ponad szczytem*, Warszawa 1995.

O autorze

Andrzej Moszczyński od 30 lat aktywnie zajmuje się działalnością biznesową. Jego główną kompetencją jest tworzenie skutecznych strategii dla konkretnych obszarów biznesu. W latach 90. zdobywał doświadczenie w branży reklamowej – był prezesem i założycielem dwóch spółek z o.o. Zatrudniał w nich ponad 40 osób. Spółki te były liderami w swoich branżach, głównie w reklamie zewnętrznej – tranzytowej (reklamy na tramwajach, autobusach i samochodach). W 2001 r. przejęciem pakietów kontrolnych w tych spółkach zainteresowały się dwie firmy: amerykańska spółka giełdowa działająca w ponad 30 krajach, skupiająca się na reklamie radiowej i reklamie zewnętrznej oraz największy w Europie fundusz inwestycyjny. W 2003 r. Andrzej sprzedał udziały w tych spółkach inwestorom strategicznym.

W latach 2005-2015 był prezesem i założycielem spółki, która zajmowała się kompleksową komercjalizacją liderów rynku deweloperskiego (firma w sumie sprzedała ponad 1000 mieszkań oraz 350 apartamentów hotelowych w systemie condo).

W latach 2009-2018 był akcjonariuszem strategicznym oraz przewodniczącym rady nadzorczej fabryki urządzeń okrętowych Expom SA. Spółka ta zasięgiem działania obejmuje cały świat, dostarczając urządzenia (w tym dźwigi i żurawie) dla branży morskiej. W 2018 r. sprzedał pakiet swoich akcji inwestorowi branżowemu.

W 2014 r. utworzył w USA spółkę LLC, która działa w branży wydawniczej. W ciągu 14 lat (poczynając od 2005 r.) napisał w sumie 22 kieszonkowe poradniki z dziedziny rozwoju kompetencji miękkich – obszaru, który ma między innymi znaczenie strategiczne dla budowania wartości niematerialnych i prawnych przedsiębiorstw. Poradniki napisane przez Andrzeja koncentrują się na przekazaniu wiedzy o wartościach i rozwoju osobowości – czynnikach odpowiedzialnych za prowadzenie dobrego życia, bycie spełnionym i szczęśliwym.

Andrzej zdobywał wiedzę z dziedziny budowania wartości firm oraz tworzenia skutecznych strategii przy udziale następujących instytucji: Ernst & Young, Gallup Institute, PricewaterhauseCoopers (PwC) oraz Harward Business Review. Jego kompetencje można przyrównać do pracy **stroiciela instrumentu.**

Kiedy miał 7 lat, mama zabrała go do szkoły muzycznej, aby sprawdzić, czy ma talent. Przeszedł test pozytywnie – okazało się, że może rozpocząć edukację muzyczną. Z różnych powodów to nie nastąpiło. Często jednak w jego książkach czy wykładach można usłyszeć bądź przeczytać przykłady związane ze światem muzyki.

Dlaczego można przyrównać jego kompetencje do pracy stroiciela na przykład fortepianu? Stroiciel udoskonala fortepian, aby jego dźwięk był idealny. Każdy fortepian ma swój określony potencjał mierzony jakością dźwięku – dźwięku, który urzeka i wprowadza ludzi w stan relaksu, a może nawet pozytywnego ukojenia. Podobnie jak stroiciel Andrzej udoskonala różne procesy – szczególnie te, które dotyczą relacji z innymi ludźmi. Wierzy, że ludzie posiadają mechanizm psychologiczny, który można symbolicznie przyrównać do **mentalnego żyroskopu** czy **mentalnego noktowizora**. Rola Andrzeja polega na naprawieniu bądź wprowadzeniu w ruch tych „urządzeń".

Żyroskop jest urządzeniem, które niezależnie od komplikacji pokazuje określony kierunek. Tego typu urządzenie wykorzystywane jest na statkach i w samolotach. Andrzej jest przekonany, że rozwijanie **koncentracji i wyobraźni** prowadzi do włączenia naszego mentalnego żyroskopu. Dzięki temu możemy między innymi znajdować skuteczne rozwiązania skomplikowanych wyzwań.

Noktowizor to wyjątkowe urządzenie, które umożliwia widzenie w ciemności. Jest wykorzystywane przez wojsko, służby wywiadowcze czy myśliwych. Życie Andrzeja ukierunkowane jest na badanie tematu źródeł wewnętrznej motywacji – siły skłaniającej do działania, do przejawiania inicjatywy, do podejmowania wyzwań, do wchodzenia w obszary zupełnie nieznane. Andrzej ma przekonanie, że rozwijanie **poczucia własnej wartości** prowadzi do włączenia naszego mentalnego noktowizora. Bez optymalnego poczucia własnej wartości życie jest ciężarem.

W swojej pracy Andrzej koncentruje się na procesach podnoszących jakość następujących obszarów: właściwe interpretowanie zdarzeń, wyciąganie wniosków z analizy porażek oraz sukcesów, formułowanie właściwych pytań, a także korzystanie z wyobraźni w taki sposób, aby przewidywać swoją przyszłość, co łączy się bezpośrednio z umiejętnością strategicznego myślenia. Umiejętności te pomagają rozumieć mechanizmy wywierania wpływu przez inne osoby i umożliwiają niepoddawanie się wszechobecnej indoktrynacji. Kiedy mentalny noktowizor działa poprawnie, przekazuje w odpowiednim czasie sygnały ostrzegające, że ktoś posługuje się manipulacją, aby osiągnąć swoje cele.

Andrzej posiada również doświadczenie jako prelegent, co związane jest z jego zaangażowaniem w działania społeczne. W ostatnich 30 latach był zapraszany do udziału w różnych szkoleniach i seminariach, zgromadzeniach czy kongresach – w sumie jako mówca wystąpił ponad 700 razy. Jego przemówienia i wykłady znane są z inspirujących przykładów i zachęcających pytań, które mobilizują słuchaczy do działania.

Opinie o książce

Małe dziecko przychodzi na świat bez instrukcji obsługi, o czym boleśnie przekonują się kolejne pokolenia młodych rodziców. A jednak mimo tej pozornej przeszkody ludzkość była i jest w stanie poradzić sobie z tym wyzwaniem. Jak? Młodzi rodzice szybko uczą się – głównie metodą prób i błędów – jak zaspokajać potrzeby swojego dziecka. Rodzicielstwo to ciekawa mieszanka zaufania do własnej intuicji, pomocy bliskich i odwołania do wiedzy ekspertów. To nie stały zestaw umiejętności, które ujawniają się w chwili narodzin dziecka, lecz raczej proces nabywania nowych umiejętności dostosowanych do potrzeb i rozwoju własnych pociech.

Nie inaczej jest w przypadku rozpoznania swoich talentów i wykorzystania ich w codziennym życiu. Nie są to zdolności, jakie nabywa się po przeczytaniu jednej książki lub uczestniczeniu w weekendowych warsztatach, lecz raczej droga, na którą się wchodzi świadomie i którą podąża przez resztę życia. Wybierając się w podróż, zwykle pakujemy ze sobą przewodnik i mapę, dlatego też podczas podróży do własnego wnętrza także warto sięgnąć po jakiś przewodnik. Seria książek autorstwa Andrzeja Moszczyńskiego jest właśnie takim przewodnikiem, zawierającym cenne podpowiedzi oraz techniki odkrywania i wykorzystywania swoich talentów. Autor nie stawia się w pozycji eksperta wiedzącego lepiej, co jest dla nas dobre, lecz raczej doradcy odwołującego się szeroko do filozofii, literatury, współczesnych technik doskonalenia osobowości i własnych doświadczeń. Zdecydowanymi mocnymi stronami tej serii są przykłady z życia ilustrujące prezentowane zagadnienia oraz bogata bibliografia służąca jako punkt do dalszych poszukiwań dla wszystkich zainteresowanych doskonaleniem osobowości. Uważam, że seria ta będzie pomocna dla każdego zainteresowanego świadomym życiem i rozwojem osobistym.

Ania Bogacka
Editorial Consultant and Life Coach

* * *

Na rynku książek wybór poradników jest ogromny, ale wśród tego ogromu istnieją jasne punkty, w oparciu o które można kierować swoim życiem tak, by osiągnąć spełnienie. Samorealizacja jest osiągana poprzez mądrość i świadomość. To samo sprawia, że książki Andrzeja Moszczyńskiego są tak użyteczne i podnoszące na duchu. Dzielenie się mądrością w formie przykładów wielu historycznych postaci oświetla drogę w tej kluczowej podróży. Każda z książek Andrzeja jest kompletna sama w sobie, jednak wszystkie razem stanowią zestaw narzędzi, przy pomocy których każdy z nas może ulepszyć umysł i serce, aby ostatecznie przyjąć proaktywną i współczującą postawę wobec życia. Jako osoba, która badała i edytowała wiele tekstów z filozofii i duchowości, mogę z entuzjazmem polecić tę książkę.

Lawrence E. Payne

Dodatek

Cytaty, które pomagały autorowi napisać tę książkę

Na temat rozwoju

Przeznaczeniem człowieka jest jego charakter.

Heraklit z Efezu

Osobowość kształtuje się nie poprzez piękne słowa, lecz pracą i własnym wysiłkiem.

Albert Einstein

Na temat nastawienia do życia

Jeśli jesteś nieszczęśliwy, to dlatego, że cały czas myślisz raczej o tym, czego nie masz, zamiast koncentrować się na tym, co masz w danej chwili.

Anthony de Mello

W końcu, bracia, wszystko, co jest prawdziwe, co godne, co sprawiedliwe, co czyste, co miłe, co zasługuje na uznanie: jeśli jest jakąś cnotą i czynem chwalebnym – to miejcie na myśli.

List do Filipian 4:8

Na temat szczęścia

Ludzie są na tyle szczęśliwi, na ile sobie pozwolą nimi być.

Abraham Lincoln

Więcej szczęścia jest w dawaniu aniżeli w braniu.

Dz 20:35

Na temat poczucia własnej wartości

Bez Twojego pozwolenia nikt nie może sprawić, że poczujesz się gorszy.

Eleanor Roosevelt

Na temat możliwości człowieka

Nie ma rzeczy niemożliwych, są tylko te trudniejsze do wykonania.

Henry Ford

Gdybyśmy robili wszystkie rzeczy, które jesteśmy w stanie zrobić, wprawilibyśmy się w ogromne zdumienie.

Thomas Edison

Na temat poznawania siebie

Najpierw sami tworzymy własne nawyki, potem nawyki tworzą nas.

John Dryden

Na temat wiary w siebie

Człowiek, który zyska i zachowa władzę nad sobą, dokona rzeczy największych i najtrudniejszych.

Johann Wolfgang von Goethe

Ludzie potrafią, gdy sądzą, że potrafią.

Wergiliusz

Na temat wnikliwości

Prawdę należy mówić tylko temu, kto chce jej słuchać.

Seneka Starszy

Język mądrych jest lekarstwem.

Księga Przysłów 12:18

Na temat wytrwałości

Nic na świecie nie zastąpi wytrwałości. Nie zastąpi jej talent – nie ma nic powszechniejszego niż ludzie utalentowani, którzy nie odnoszą sukcesów. Nie uczyni niczego sam geniusz – nienagradzany geniusz to już prawie przysłowie. Nie uczyni niczego też samo wykształcenie – świat jest pełen ludzi wykształconych, o których zapomniano. Tylko wytrwałość i determinacja są wszechmocne.

John Calvin Coolidge

Możemy zrealizować każde zamierzenie, jeśli potrafimy trwać w nim wystarczająco długo.

Helen Keller

Tak samo, jak pojedynczy krok nie tworzy ścieżki na ziemi, tak pojedyncza myśl nie stworzy ścieżki w Twoim umyśle. Prawdziwa ścieżka powstaje, gdy chodzimy po niej wielokrotnie. Aby stworzyć głęboką ścieżkę mentalną, potrzebne jest wielokrotne powtarzanie myśli, które mają zdominować nasze życie.

Napoleon Bonaparte

Na temat entuzjazmu

Tylko przykład jest zaraźliwy.

Lope de Vega

Na temat odwagi

Życie albo jest śmiałą przygodą, albo nie jest życiem. Nie lękać się zmian, a w obliczu kapryśności losu zachowywać hart ducha – oto siła nie do pokonania.

Helen Keller

Silny jest ten, kto potrafi przezwyciężyć swe szkodliwe przyzwyczajenia.

Benjamin Franklin

Życie jest przygodą dla odważnych albo niczym.

Helen Keller

Na temat realizmu

Kto z was, chcąc zbudować wieżę, nie usiądzie wpierw i nie obliczy wydatków, czy ma na jej wykończenie.

Ew. Łukasza 14:28

Pesymista szuka przeciwności w każdej okazji, optymista widzi okazje w każdej przeciwności.

Winston Churchill

Dajcie mi odpowiednio długą dźwignię i wystarczająco mocną podporę, a sam poruszę cały glob.

Archimedes

OFERTA WYDAWNICZA
Andrew Moszczynski Group sp. z o.o.

www.ingramcontent.com/pod-product-compliance
Lightning Source LLC
LaVergne TN
LVHW040106080526
838202LV00045B/3796